AF555934

Guy Kawasaki
Madisun Nuismer

Bemerkenswert denken

Guy Kawasaki
Madisun Nuismer

Bemerkenswert denken

9 Wege, Ihr Leben zu verändern und etwas zu bewirken

Aus dem Englischen von Andreas Schieberle

WILEY-VCH GmbH

Das englische Original erschien 2024 unter dem Titel *Think Remarkable: 9 Paths to Transform Your Life and Make a Difference* bei John Wiley & Sons, Inc., Hoboken, New Jersey

Bibliografische Information der Deutschen Nationalbibliothek

Die Deutsche Nationalbibliothek verzeichnet diese Publikation in der Deutschen Nationalbibliografie; detaillierte bibliografische Daten sind im Internet über <http://dnb.d-nb.de> abrufbar.

Bevollmächtigte des Herstellers gemäß EU-Produktsicherheitsverordnung ist die Wiley-VCH GmbH, Boschstr. 12, 69469 Weinheim, Deutschland, E-Mail: Product_Safety@wiley.com.

Print ISBN: 978-3-527-51229-4
ePub ISBN: 978-3-527-85317-5

Umschlaggestaltung: Torge Stoffers (nach dem Originalcover der englischen Ausgabe: Cover Design: Chris Wallace)
Satz: Straive, Chennai, India
Druck und Bindung:

An die Generation Z. Eure Zeit ist gekommen.

Inhalt

Vorwort

Als Guy mich bat, dieses Vorwort zu schreiben, standen auf meiner Liste »Zu schreibende Texte« bereits 21 Einträge. Ich war gerade zurück aus Tansania und Uganda. Davor war ich in Japan und Südkorea gewesen. Die kommende Woche würde ich in Kanada, den USA und Brasilien sein. Und dann sollte es nach Spanien und in die Schweiz gehen, und schließlich zurück nach Los Angeles.

Eigentlich hatte ich also keine Zeit. Aber Guy ist ein Freund, und da sein Buch Menschen Anleitung geben will, wie sie ihr Leben in einer Welt zunehmender Unsicherheit und Komplexität führen können, habe ich Ja gesagt.

Seit ich seiner Bitte zugestimmt habe, ist die Lage der Dinge noch schlimmer geworden, und wegen der sich ändernden Wetterbedingungen, des Verlusts an Arten und der Schrecken des Krieges sind immer mehr Menschen deprimiert.

In *Bemerkenswert denken* spricht Guy über drei Eigenschaften – Growth, Grit und Grace –, die uns in diesen turbulenten Zeiten helfen können, uns anzupassen und zu überleben. Und er erkundet Möglichkeiten, wie wir uns auf eine zum Besseren veränderte Welt zubewegen können.

Growth, also wachsen, um sich an raschen Wandel anzupassen und mit neuen, schwierigen und oft unvorhergesehenen Herausforderungen fertigzuwerden, ist eindeutig wichtig. Auf einem Planeten mit begrenzten natürlichen Ressourcen (die mancherorts bereits zur Neige gehen) und wachsenden Populationen an Mensch und Tieren müssen wir die Art und Weise ändern, wie wir wirtschaften, unsere Nahrungsmittel anbauen.

Bemerkenswert denken argumentiert, wir müssten eine neue Mentalität entwickeln, eine Wachstumsmentalität: Um in dieser sich rasch wandelnden Welt zu überleben, müssten wir uns bemühen, mental zu wachsen, neue Wege zu finden, wie wir unser Alltagsleben führen, und eine Technik zu entwickeln, die uns hilft, in größerer Harmonie mit der Natur zu leben. Wir müssten emotional und ethisch wachsen, damit wir mit Problemen wie Armut, Rassismus und Diskriminierung fertigwerden.

Und um diese Mentalität zu entwickeln, ist **Grit** erforderlich: Wir müssen also in der Lage sein, beharrlich zu bleiben und durchzuhalten. Angesichts sich wandelnder Klima- und Wetterbedingungen werden Tiere und Pflanzen, die sich nicht anpassen oder in eine günstigere Umwelt auswandern können, nach und nach aussterben. Mit unserem hoch entwickelten Intellekt können wir Möglichkeiten zur Anpassung finden, aber nur wenn wir beharrlich sind und auch den Mut haben, in Angriff zu nehmen, was zunächst wie eine Überforderung erscheint.

Wir müssen den Mut haben, uns mit unseren Überzeugungen Unternehmen und Regierungen entgegenzustellen, die kurzfristigen Profit über den Schutz der Umwelt für künftige Generationen stellen. Einer meiner eigenen Gründe, hier Hoffnung zu hegen, ist die Widerstandsfähigkeit der Natur. Dieses Buch erläutert klar und deutlich die Prinzipien, die uns helfen können, Widerstandsfähigkeit auszubilden, und die uns in die Lage versetzen, standhaft zu bleiben sowie unseren Werten treu zu bleiben, wenn wir überwältigenden Widrigkeiten gegenüberstehen.

Wir müssen von der Widerstandsfähigkeit von Mutter Natur lernen. Bei meinen Reisen um die Welt habe ich sehr viele Orte gesehen, die einst infolge menschlicher Aktivität fast völlig zerstört waren, zu denen die Natur aber – mit der Zeit und vielleicht mit ein wenig Hilfe – wieder zurückgekehrt ist und an denen Pflanzen und Tiere eine neue Chance bekommen haben.

Wie Hamlet müssen auch wir lernen, wie wir »die Pfeil und Schleudern des wütenden Geschicks erdulden«. Und wir müssen uns den Mut der wunderbaren Männer und Frauen zum Vorbild nehmen, die scheinbar Unmögliches geschafft und nie aufgegeben haben, obwohl sie ihrer Überzeugungen oder Handlungen wegen verunglimpft oder sogar eingesperrt wurden.

Und so kommen wir mit **Grace** schließlich zur dritten Eigenschaft, die uns helfen wird zu überleben: menschliche Größe zeigen. *Bemerkenswert denken* liefert einen Rahmen für die Ausbildung menschlicher Größe. In der heutigen Welt gibt es so viel Spaltung, Diskriminierung und Konflikt. Die Bedeutung menschlichen Anstands – von Verständnis, Empathie und gemeinschaftlicher Solidarität – kann daher gar nicht hoch genug bewertet werden.

Die Ökosysteme der Natur gedeihen aufgrund symbiotischer Beziehungen, und das müssen auch wir tun. Die menschlichen Gesellschaften und Unternehmen müssen kooperative Beziehungen ausbauen und zusammenarbeiten, um die Vielzahl der Probleme zu lösen, die immer schlimmer zu werden scheinen. Daher, so argumentiert Guy, müssen wir Beziehungen fördern, die nicht nur transaktional, sondern auch transformierend sind.

Bemerkenswert denken ist mehr als nur ein typischer Lebenshilfe-Ratgeber: Das Buch fordert uns auf, nicht nur unser eigenes persönliches Leben zu verbessern, sondern auch eine positive Wirkung auf die Welt um uns herum auszuüben. Es liefert starke Argumente dafür, dass wir mit Wachstumsdenken, Beharrlichkeit und menschlicher Größe alle zu Katalysatoren des Wandels werden können.

Die Ideen, die auf diesen Seiten vorgestellt werden, sind nicht nur ambitioniert; sie zeigen auch machbare Schritte auf, mit denen wir uns auf eine gerechtere und harmonischere Welt zubewegen können.

Angesichts der unzähligen Herausforderungen unserer Zeit – von sozialer Ungerechtigkeit bis zum Klimawandel, vom Verlust von Biodiversität bis zu Konflikten und Kriegen – erinnern uns die Vorschläge in *Bemerkenswert denken* an unsere gemeinsame Verantwortung, zielbewusst zu denken, zu handeln und zu leben.

In diesen beunruhigenden, unsicheren – und für manche von uns auch verzweifelten – Zeiten ist es zwingend erforderlich, dass wir uns um Zusammenarbeit bemühen. Mit anderen Worten: Wir müssen alle ein bemerkenswertes Leben führen, um die Welt besser, fairer und glücklicher zu machen. Und dieses Buch ist ein Aufruf zum sofortigen Handeln: Die Zukunft des Lebens auf der Erde, einschließlich unseres eigenen, hängt davon ab, wie wir jetzt handeln.

Jane Goodall, PhD, DBE
Gründerin des Jane Goodall Institute und
UN-Botschafterin des Friedens

Einleitung

»Was für ein wunderbarer Gedanke, dass einige der besten Tage unseres Lebens noch gar nicht stattgefunden haben.«
Anne Frank

Anders denken

1997 war ich Chief Evangelist bei Apple, hatte also die Aufgabe, andere für die Apple-Technik zu begeistern, und ich war mit dabei, als Lee Clow von Apples Werbeagentur Chiat\Day Steve Jobs die Kampagne »Think Different« (Anders denken) vorstellte.

An diesem Meeting nahmen vielleicht zehn Marketingleute teil, und Lees Präsentation raubte uns allen den Atem, weil sie so punktgenau den Spirit von Macintosh und Apple erfasste.

> Ein Hoch auf die Verrückten, die Sonderlinge, die Rebellen, die Störenfriede, die das Unmögliche versuchen ... auf alle, welche die Dinge anders sehen – sie haben nicht viel für Regeln übrig ... Man kann sie zitieren, man kann anderer Meinung sein als sie, man kann sie glorifizieren oder diffamieren, aber das Einzige, was man nicht kann, ist, sie ignorieren, denn sie verändern die Dinge ... sie bringen die Menschheit voran, und während manche sie als Verrückte betrachten, erkennen wir hier Genie, denn Menschen, die verrückt genug sind zu denken, sie könnten die Welt verändern, sind genau diejenigen, denen das auch gelingt.

Werbetext der Kampagne Think Different

Damals lief es nicht gut für Apple. Die meisten Experten sagten sogar voraus, dass Apple bald Pleite machen würde. Michael Dell (ja genau, »der« Dell) schlug sogar vor, Apple solle seine Aktionäre bar auszahlen und dichtmachen. Wer in dieser Zeit zu Apple hielt, bewies Vertrauen und eine andere Denkweise.

Abbildung E.1: Poster der Think-Different-Kampagne von Apple, die Fotos von Pablo Picasso, Albert Einstein, Martha Graham, Nelson Mandela, Amelia Earhart und anderen bemerkenswerten Menschen zeigte, 1997. *(Quelle: Nate Kawasaki)*

Um das Offensichtliche klar auszusprechen: Michael Dell und die Experten hatten unrecht. Die Think-Different-Kampagne und die iMac-Linie des Macintosh entfachten die Flamme neu und retteten Apple. Der Turnaround, den Steve schaffte, war bemerkenswert, und Apple wurde zum wertvollsten Unternehmen der Geschichte.

Seit diesem Meeting sind einige Jahrzehnte vergangen. Die Welt ist seitdem weit vorangekommen, aber viele Probleme bestehen auch weiterhin, neue Herausforderungen sind hinzugekommen, und viel Arbeit bleibt zu tun. Es gibt jedoch auch wunderbare Chancen. Daher ist es jetzt erforderlich, über das »Anders denken« (Think Different) hinauszukommen und zu einem »Bemerkenswert denken« (Think Remarkable) zu gelangen, um das eigene Leben und die Welt zu transformieren.

Das große Ganze

Nehmen wir an, ein Mensch, der doppelt so alt ist wie Sie und ein einflussreiches politisches Amt bekleidet, beabsichtigt, Sie zu erniedrigen. Der Grund dafür ist, dass Sie an seinem Verständnis Anstoß genommen haben, wer auf Abtreibungen angewiesen sei. Beginnen wir mit den Worten, die der Kongressabgeordnete Matt Gaetz im Juli 2022 auf dem Turning Point USA Student Action Summit gesagt hat:

> *Wie kommt es eigentlich, dass genau die Frauen, die am wenigsten Aussicht haben, schwanger zu werden, diejenigen sind, die sich die meisten Sorgen um Abtreibungen machen? Niemand will Sie schwängern, wenn Sie aussehen wie ein Daumen!*

Mit dieser Aussage hat er viele Menschen beleidigt. Unter ihnen auch Olivia Julianna. Sie ist Mitte 20 und »queere Latina-Aktivistin mit Übergröße« und ließ als Reaktion einen Tweet los:

> *Mir ist zu Ohren gekommen, dass Matt Gaetz – ein mutmaßlicher Pädophiler – gesagt hat, es seien immer die »abstoßenden … 1,57 m kleinen und 150 kg schweren« Frauen, die ohnehin »niemand schwängern will«, die für Abtreibungen demonstrieren. Ich selbst bin 1,80 m groß. 1,92 m mit Absätzen. Die trage ich, damit kleine Männer wie Sie daran erinnert werden, wo sie hingehören.*

Gaetz schoss zurück mit einem Foto von Julianna und dem Tweet: »Aufgestellte Borsten.« Daraufhin verwandelte Olivia die Auseinandersetzung in eine Spendenaktion für das Recht auf Abtreibung, die 2,5 Millionen Dollar einbrachte.

Sie ist ein leuchtendes Vorbild für die Generation Z und eine Anführerin der Machtübergabe an die nächste Generation, gemeinsam mit anderen wie Malala Yousafzai, David Hogg, Greta Thunberg und Maxwell Frost.

Ziel dieses Buches ist es, Ihnen zu helfen, etwas zu bewirken, so wie Julianna es getan hat. Definieren wir zunächst, was bemerkenswert heißt. Es heißt nicht, Reichtum, Macht oder Ruhm anzusammeln. Es gibt Menschen, die das getan haben und nicht bemerkenswert sind. Und es gibt Menschen, die das nicht getan haben und es sind.

In meinem Buch heißt »bemerkenswert sein«, dass Sie etwas verändern, etwas bewirken und die Welt zu einem besseren Ort machen. Dabei konkurrieren Sie aber nicht mit Olivia, Jane Goodall oder Steve Jobs – auch wenn ich Sie nicht davon abbringen möchte, falls das Ihr Ziel ist. Es reicht völlig aus, wenn Sie ein einzelnes Leben verbessern (auch wenn es Ihr eigenes ist), ein Unternehmen, eine Organisation, einen Lebensraum oder einen Unterrichtsraum.

Bemerkenswert zu sein heißt auch, dass Sie ein anständiger Mensch sind – das heißt, man verwendet Wörter wie empathisch, ehrlich und mitfühlend, wenn man Sie beschreibt. Wenn die Leute könnten, würden sie sich gern ihrer *Ohana* anschließen, das ist das hawaiische Wort für die Gemeinschaft der Menschen, die Sie unterstützen und denen etwas an Ihnen liegt.

Ich kann Ihnen den Weg auf der Karte zeigen und auch ein paar anregende Beispiele geben; aber die Arbeit können nur Sie selbst machen. Bemerkenswert zu sein ist weder angeboren noch wird es als Titel verliehen – wäre es so, würden Sie dieses Buch nicht brauchen.

Quellen

Beim Schreiben dieses Buchs habe ich zu meiner Information und Inspiration zwei Quellen genutzt. Die erste Quelle sind mehrere hundert bemerkenswerte Menschen. Sie waren nicht unbedingt reich, mächtig oder berühmt, haben aber alle die Welt zu einem besseren Ort gemacht. Sie personifizieren Empathie, Resilienz, Kreativität und Anstand.

Sie waren Gäste in meinem Podcast *Remarkable People,* und zu ihnen zählen Menschen wie Olivia, Jane Goodall, Stacey Abrams, Mark Rober, Carol Dweck, Ken Robinson, Steve Wozniak, Margaret Atwood, Julia Cameron, Temple Grandin und Bob Cialdini, um einige Namen zu nennen.

Die zweite Quelle sind meine persönlichen Erfahrungen. Ich war Chief Evangelist bei Apple und bin es jetzt bei Canva, habe für Google und Mercedes-Benz gearbeitet und drei Unternehmen gegründet. Alles in allem bin ich Sohn, Vater, Ehemann, »Onkel«, Bruder, Evangelist, Unternehmer, Investor, Autor, Redner, Podcaster, Mentor, ATM und Wikipedia-Kurator.

Struktur

»20-bändige Folianten werden nie eine Revolution auslösen. Es sind die kleinen Flugschriften, die sich in die Tasche stecken lassen, die zu fürchten sind.«

Voltaire

Sachbücher sind oft ein gewaltiger Morast von 300 Seiten, die eine bestimmte Idee abfeiern. Ich muss das wissen – ich habe einige davon selbst geschrieben. In diesem Buch gilt jedoch: Weniger ist mehr. Daher ist es so knapp wie möglich gefasst. Es hat drei *Teile:*

- Growth – Wachsen und Grundlagen schaffen
- Grit – Beharrlich bleiben und eigene Ambitionen aktivieren
- Grace – Größe zeigen und andere beflügeln und inspirieren

Growth, Grit und Grace sind notwendig, um etwas zu verändern und zu bewirken. Ich stelle sie grob der Reihe nach vor, aber es verläuft nicht unbedingt linear, bemerkenswert zu werden. Fühlen Sie sich also frei, im Buch nach Ihren eigenen Bedürfnissen hin und her zu springen.

Jeder Teil dieses Buchs besteht aus drei *Kapiteln*. Jedes Kapitel wiederum enthält *Abschnitte,* welche die Methoden erläutern, mit denen sich die Ziele des Kapitels erreichen lassen. Jeder Abschnitt beginnt mit einer Einschätzung, wer die Ideen dieses Abschnitts wohl gebrauchen kann.

Ich erwähne in diesem Buch Dutzende von Personen. Es ist unwahrscheinlich, dass Sie alle von ihnen kennen. Um Ihnen bei der Einordnung zu helfen, finden Sie am Ende dieses Buchs eine »Liste von Profilen«.

Zusammenfassend gesagt, und um Beispiele aus dem richtigen Leben heranzuziehen (Stand circa 2023), ist *Bemerkenswert denken:*

- The Elements of Style, nicht The Chicago Manual of Style,
- Tinder, nicht eHarmony,
- TikTok, nicht TED.

Wir machen das jetzt!

Etwas zu verändern oder zu bewegen und damit bemerkenswert zu werden ist nicht leicht, aber Sie werden es nicht bedauern, wenn Sie es versuchen. Wenn Sie Dinge verändern oder bewegen, führen Sie ein Leben, das von Bedeutung ist, Ihre beste Seite zum Vorschein bringt und andere inspiriert, ebenfalls bemerkenswert zu werden.

Zum Schluss noch ein kleiner, aber wichtiger Hinweis: Die bemerkenswerten Menschen, die ich interviewt habe, hatten nicht etwa eines Tages beschlossen, bemerkenswert zu werden und ihr Leben fortan diesem Ziel zu widmen. Der Fokus ihrer Motivation lag vielmehr außerhalb ihrer selbst und war taktischer Natur: eine Spezies zu retten, die Armut zu überwinden, ein cooles Gerät zu erfinden, die Demokratie zu retten und solche Dinge.

Sie sind also dadurch bemerkenswert geworden, dass sie derartige Ziele verfolgt haben, nicht etwa weil sie vorhatten, »bemerkenswert zu werden«. In diesem Buch geht es also nicht darum, wie Sie sich »aufhübschen«, »ein neues Image zulegen« oder »neu aufstellen« können.

Meine Botschaft ist ganz einfach: Wenn Sie bemerkenswerte Dinge tun und etwas verändern oder bewegen, dann werden die Menschen Sie bemerkenswert nennen. Man könnte sie gar nicht davon abhalten. Legen wir also los!

Guy Kawasaki
Santa Cruz (Kalifornien), 2023

Die Story, wie Lee Clow uns die Kampagne »Think Different« gezeigt hat, birgt noch eine weitere Story. Am Ende des Meetings sagte er zu Steve Jobs: »Ich habe zwei Exemplare dieser Werbeanzeigen. Ich gebe eines Ihnen und eines Guy.«

Daraufhin sagte Steve, wie nur Steve es fertigbrachte: »Geben Sie Guy kein Exemplar. Geben Sie nur mir ein Exemplar.«

Für mich war das ein Moment von der Sorte »Mann oder Maus«, bei denen man sich später rückblickend nicht fragen möchte: »Warum habe ich hier gekniffen?«

Also tat ich das auch nicht. Sondern ich fragte vor versammelter Mannschaft zurück: »Vertrauen Sie mir nicht, Steve?«

Worauf dieser erwiderte: »Nein, tue ich nicht.«

Worauf wiederum ich zurückgab: »Das ist in Ordnung, Steve. Ich vertraue Ihnen nämlich auch nicht.«

Das hat mich vermutlich ein paar Millionen Dollar an Aktienoptionen gekostet, aber das war es wert.

Phase 1
GROWTH – WACHSEN UND GRUNDLAGEN SCHAFFEN

1 Eine Wachstumsmentalität entwickeln

»Ersetze ›Wieso muss mir das passieren?‹
durch ›Was will mich das lehren?‹«
Nate Kawasaki

Sich eine Wachstumsmentalität zu eigen machen

→ Sie wollen nicht mehr hören, dass Sie etwas Bestimmtes nicht schaffen könnten.
→ Sie wollen aufhören, sich selbst zu sagen, dass Sie etwas Bestimmtes nicht schaffen könnten.
→ Sie sind es leid, sich Gedanken darüber zu machen, dass Sie Ihren Ruf und Ihr Selbstbild gefährden könnten.

Ich bin kein bemerkenswert guter Eishockeyspieler und auch kein bemerkenswert guter Surfer. Ich habe mit diesen Sportarten im Alter von 44 bzw. 60 Jahren angefangen. Das heißt, ich habe 34 bzw. 50 Jahre zu spät angefangen.

Nachdem wir uns ein Spiel der San Jose Sharks angesehen hatten, wollten meine Söhne gern Eishockey spielen. Und so habe ich mit dem Eishockeyspielen begonnen, obwohl ich alt war und aus Hawaii kam. Am nächsten dran an Pond Hockey, also Eishockey auf einem zugefrorenen See, war dort, wo ich aufgewachsen bin, noch Shave Eis, das ist geschabtes Eis, das mitunter auch als Eis-Schnee bezeichnet wird, eine hawaiische Spezialität. (Manche Leute wollen mir klarmachen, dass es korrekt »Shaved Ice« heißen müsse. Ich bin aber auf Hawaii aufgewachsen und habe schon mehr Shave Ice gegessen als alle diese Leute zusammen. Es heißt korrekt »Shave Ice«, liebe Leute.)

Und 2015 begann ich meiner Tochter zuliebe mit dem Surfen. Sie war 14, und ich war 60. Obwohl ich auf Hawaii aufgewachsen bin, war Surfen für mich etwas Neues; ich hatte nicht die erforderliche

Wachstumsmentalität gehabt, um neben Lernen und organisierten Teamsportarten noch etwas anderes zu probieren.

Ich habe mir diese neuen Sportarten zu eigen gemacht, weil Brenda Ueland und Carol Dweck starken Einfluss auf meine Mentalität genommen hatten. Ueland unterrichtete Schreiben an der University of Minnesota und war Autorin des Buchs *If You Want to Write* (deutsch: *Die Lust zu schreiben).*

Meine Frau schenkte mir Uelands Buch 1989, weil ich daran dachte, ein Buch zu schreiben. Meine Einstellung war aber damals, ich wäre kein »Autor«, weil ich weder einen Abschluss in Anglistik noch eine entsprechende Ausbildung hatte. Uelands Buch ließ mich erkennen, dass ich vielleicht doch ein Buch schreiben könnte, weil es folgende Lehrsätze enthielt:

- Mach dir keine Gedanken über eine besondere Ausbildung oder ob dir jemand die Erlaubnis oder den Segen zum Schreiben erteilt. Schreib einfach!
- Schreib, wie es dir dein Herz sagt, über Dinge, die du kennst und liebst – nicht so, wie die Leute es deiner Meinung nach von »Autoren« erwarten. Schreib einfach!
- Schieb alle Bewertungen und Kritiken daran, was du geschrieben hast, beiseite – ob sie nun von dir selbst stammen oder von anderen. Schreib einfach!

Kurz gesagt habe ich mein erstes Buch *The Macintosh Way* also aufgrund von Uelands Buch geschrieben. Jetzt ein Zeitsprung ins Jahr 2006: Carol Dweck, Psychologie-Professorin an der Stanford University, veröffentlicht ihr Buch *Mindset: The New Psychology of Success* (deutsch: *Selbstbild: Wie unser Denken Erfolge oder Niederlagen bewirkt).* Ihre Erkenntnisse waren wie die von Ueland – aber auf Steroiden.

Ihr Buch überzeugte mich, dass Wachstum auf jedem Weg möglich ist, den man zulässt. Ich war damals dick, dumm und zufrieden damit, mich auf das zu konzentrieren, was in der

Vergangenheit für mich gut funktioniert hatte. Mit Sicherheit wollte ich nicht mit neuen Sportarten anfangen.

Dweck hat mein Universum nicht nur umgebaut; sie hat es erweitert. Ich hatte zwar schon ein paar Bücher geschrieben, hatte aber Angst, auf anderen Gebieten Misserfolge und Blamagen zu erleben. Folgendermaßen erläutert Carol das statische Selbstbild (*fixed mindset*) und das dynamische Selbstbild oder Wachstumsdenken (*growth mindset*):

> *Das statische Selbstbild ist die Überzeugung, dass die eigenen Fertigkeiten in Stein gemeißelt wären. Aber die eigenen Fertigkeiten können durch Bemühung, gute Strategien und jede Menge Hilfe, Unterstützung und Förderung durch andere Menschen ausgebaut werden.*

Menschen mit einem statischen Selbstbild machen Aussagen wie »Ich bin zu alt, um noch eine neue Fertigkeit zu erlernen« oder »Ich bin zwar gut im Programmieren, aber Marketing könnte ich nie lernen«. Menschen mit dynamischem Selbstbild oder Wachstumsdenken dagegen sind bereit, wenn nicht gar begierig, zu erkunden und zu experimentieren.

Wachstumsdenken, ein dynamisches Selbstbild ist ohne jeden Zweifel erforderlich, um bemerkenswert zu sein, und Sie besitzen auch die Kraft, sich zu verändern und zu verbessern. Punkt. Lassen Sie das auf sich wirken: Wenn Sie bemerkenswert sein wollen, müssen Sie wachsen und sich weiterentwickeln.

Eishockey und Surfen zu lernen war in meinem fortgeschrittenen Alter schwer, aber dass ich mir diese Sportarten zu eigen gemacht habe, hat mir einige der erfülltesten Momente meines Lebens beschert. Mein bescheidener Erfolg in diesen beiden Sportarten hat mir die Vorteile des Wachstumsdenkens und eines dynamischen Selbstbilds gezeigt und, was noch wichtiger ist, in mir die Erwartungshaltung erzeugt, dass ich ganz allgemein in der Lage bin, neue Fertigkeiten zu erlernen.

Unterstützung finden

→ Sie wollen erfahren, woran Sie Menschen erkennen, die Ihnen helfen können, sich eine Wachstumsmentalität zu eigen zu machen.
→ Sie fragen sich, wie Sie einschätzen können, ob ein Unternehmen oder eine Organisation Wachstumsdenken unterstützt und zur Anwendung kommen lässt.
→ Sie suchen eine Karriere mit vielversprechendem Potenzial, möchten aber unabhängig vom traditionellen Achtstundentag sein.

Wäre das Entwickeln einer Wachstumsmentalität eine rein persönliche Entscheidung und Veränderung, wäre das Leben leicht. Aber Wachstum und Weiterentwicklung erfordert auch unterstützende Menschen und ein unterstützendes Umfeld. Wie Carol sagt:

> *Es sind nicht nur Menschen mit einem dynamischen Selbstbild, sondern es ist auch ein dem dynamischen Selbstbild förderliches Umfeld, was Ihnen ermöglicht, dieses Selbstbild effektiv zum Einsatz zu bringen.*
>
> *Es ist nicht nur so, dass Sie einfach Ihr dynamisches Selbstbild haben und es in sich tragen und Sie damit Herausforderungen suchen und dabei resilient sind. Sondern auch das Umfeld, in dem Sie sich befinden, ist von Bedeutung.*

Wenn Sie Menschen finden wollen, die ein dynamisches Selbstbild fördern, können Sie einen Blick auf deren Karriere werfen. Wenn Menschen kämpfen und sich verändern mussten, ist das ein gutes Zeichen, weil sie dann einfach wachsen mussten:

- Haben sie schwere Zeiten und Rückschläge überwunden, oder ist ihnen das ganze Leben lang alles in den Schoß gefallen?
- Haben sie ein bestimmtes akademisches Fach studiert, arbeiten aber jetzt in einer ganz anderen Funktion oder Branche?

- Haben sie in ihrem Berufsleben schon einmal die Branche oder die Funktion gewechselt?
- Ist die Gruppe der Menschen, mit denen sie interagieren, vielfältig? Social Media Accounts dürften hier einen Blick in die Seele ermöglichen.
- Sind sie vielbeschäftigt? Jane Goodall, die in Großbritannien lebt, redete allein im März 2023 in Denver, Chicago, Madison und Tampa Bay in den USA. Es hat seinen Grund, dass vielbeschäftigte Menschen vielbeschäftigt sind.

Nun kann es aber sein, dass Sie den größten Teil Ihrer Karriere in bestehenden Unternehmen oder Organisationen arbeiten, sodass es nicht ausreicht, Personen mit dynamischem Selbstbild zu finden. Sondern Sie müssen auch ein *Umfeld* finden, das Wachstumsdenken unterstützt. Hier ein paar Möglichkeiten:

- Schauen Sie sich an, welches »Gesicht für die Öffentlichkeit« das Unternehmen oder die Organisation zeigt, in Form von Presseveröffentlichungen, Blog Posts, Social Media und Reden von Offiziellen, sowie auch die Besprechungen auf Websites, in denen Menschen Arbeitsplätze bewerten.
- Sie sollten sich darüber im Klaren sein, dass nur wenige große, etablierte Unternehmen und Organisationen von der Spitze bis zur Basis ein dynamisches Selbstbild haben (und übrigens auch nicht ein statisches Selbstbild). Es geht also darum, dass Sie *innerhalb* des Betriebs in einem Team arbeiten, das Wachstumsdenken unterstützt, das heißt, Sie sollten nach Wachstums-Inseln suchen.
- Fragen Sie die Menschen, die dort arbeiten, wie ihr Team ist und wie der Betrieb im Allgemeinen. Menschen mit dynamischem Selbstbild arbeiten für gewöhnlich auch in Teams mit dynamischem Weltbild.
- Halten Sie Ausschau nach Programmen für Weiterbildung, Entwicklung, Diversity und soziale Verantwortung. Es kann sich dabei zwar auch um reine Schönfärberei handeln, zeigt aber, dass der Betrieb es wenigstens versucht.

Meine Empfehlung lautet, dass Sie Unternehmen und Organisationen meiden sollten, in denen ein statisches Selbstbild schon institutionalisiert ist. Die Menschen mögen damit zwar gute Absichten verfolgen – vielleicht Misserfolge durch riskantes Handeln zu verhindern –, aber das bremst auch Innovationen und Veränderungen.

Konzentrieren Sie sich lieber darauf, Unternehmen oder Organisationen und Personen mit einem dynamischen Selbstbild zu finden, die dann auch Ihr eigenes Wachstumsdenken fördern. Gehen Sie dem Licht entgegen – und werden Sie dann zum Licht für andere.

Veränderungen begrüßen

- → Sie fragen sich, ob Sie lieber ein paar Sachen richtig gut machen wollen oder lieber irgendwohin gehen sollten, wo Sie noch nie waren.
- → Sie wollen das, was Sie in Ihrer Karriere gelernt haben, auch auf andere Bereiche anwenden.
- → Sie wollen lernen, wie Sie stereotypen Zwängen entkommen und Ihre Kenntnisse und Fähigkeiten ausbauen können.

Ihre Denkweise kann sich nur in dem Maß erweitern, wie Sie sie neuen Erfahrungen, Kenntnis- und Fähigkeitsbereichen aussetzen. Das können Sie auf verschiedene Weise erreichen:

- Befassen Sie sich mit Themen, an die Sie noch nie gedacht haben – oder mit denen Sie früher keinen Erfolg hatten.
- Erkunden Sie Felder, die Sie bisher immer gemieden haben, weil Sie glaubten, Sie würden darin nicht gut sein.
- Greifen Sie Interessen Ihrer Familie, Freunde und Gefolgsleute auf, statt diese zu veranlassen, sich die Ihren zu eigen zu machen.
- Experimentieren Sie mit neuen Werkzeugen und Techniken und schauen Sie, wohin Sie das führen wird.

Meine obigen Storys, wie ich mich mit Eishockey und Surfen angefreundet habe, verblassen angesichts der persönlichen Weiterentwicklung zweier NASA-Raketentechniker: Mark Rober und Wanda Harding. Hier ihre Geschichten.

Mark begann seine Karriere bei der NASA, wo er an der Konstruktion des Mars-Rovers *Curiosity* mitarbeitete. Nebenbei bastelte er an einem Halloween-Kostüm, das mithilfe zweier iPads simulieren sollte, dass man durch seine Kleidung und sein Fleisch hindurchschauen könnte. Ein YouTube-Video zu diesem Kostüm ging viral.

Nach der NASA arbeitete er bei Apple, wo er an einer virtuellen Realität in Autos mitarbeitete, die Reiseübelkeit verhindern sollte. Und er produzierte auch weiterhin Videos, die sowohl für Millionen Follower als auch für eine Untersuchung durchs Apple-Management sorgten. Fragen Sie Angehörige der Generation Z nach seinen Videos, in denen Diebe mit Glitzer und Furzgas besprüht werden, wenn sie gestohlene Päckchen öffnen, oder auch nach seinen »Squirrelympics«.

Inzwischen erschafft er YouTube-Videos, mit denen er die Menschen für Physik, Mathematik und Wissenschaft interessieren will. Unter dem Label CrunchLabs hat er das Ganze um eine Reihe von Wissenschafts-Spielzeugen ergänzt. Er hofft irgendwann Physiklehrer an einer Highschool zu werden. Sein Selbstbild hat sich vom Ingenieur über den Technikbotschafter zum Lehrer weiterentwickelt; ein Scherzbold ist er dabei stets geblieben.

Am Ende unseres Interviews sagte er mir Folgendes:

> *Ich möchte in Klassenzimmern unterrichten. Was ich an Lehrern liebe: Sie sind die ultimativen Investoren in Humankapital. Ich bin das Produkt einiger hervorragender Lehrer, die ihrerseits das Produkt wieder anderer Lehrer vor ihnen waren.*
>
> *Als Lehrer sieht man zwar nie die endgültige Wirkung der eigenen Arbeit. Aber man investiert in Menschen, die anschließend losziehen und hoffentlich tolle Sachen machen werden und andere inspirieren.*

Abbildung 1.1: Mark Rober mit einer NERF-Spielzeugwaffe von der zehnfachen Größe einer normalen, 2016. Er hatte das Ziel, die größte und die kleinste NERF-Waffe der Welt herzustellen. Die »Geschosse« bestanden aus Abfluss-Pümpeln. *(Quelle: Madisun Nuismer)*

Im Wasser bei der NASA muss es Chemikalien geben, die Wachstumsdenken fördern, denn auch Wanda Harding hat dort gearbeitet. Begonnen hat sie ihre Karriere als Projektmanagerin für eine Elektroinstallationsfirma. Das heißt, sie managte die Crew, die in renovierten Gebäuden in Georgia die elektrischen Leitungen verlegte.

Bei der NASA war sie dann leitende Managerin der Mission, die den Rover *Curiosity* zum Mars schickte. Dann wurde sie technische Direktorin bei der NOAA (National Oceanic and Atmospheric Administration), der Wetter- und Meeresbehörde der USA, und war Leiterin des Bereichs Orbitalsatelliten-Bodenüberwachungssysteme für die polare Umwelt.

Von den Sternen ging es weiter zu den Studenten, denn nach diesen Tätigkeiten kehrte sie ans Piedmont College zurück und bereitete sich darauf vor, für besonders bedürftige Schüler in Georgia Naturwissenschaften zu unterrichten. Indem sie dem Angebot folgte, Highschool-Lernende in Wissenschaft, Mathematik und Physik zu unterrichten, wechselte sie vom Teleskop zum Mikroskop.

Wenn Sie Ihre Denkweise weiterentwickeln wollen, sollten Sie Veränderungen begrüßen und neue Felder außerhalb Ihrer Komfortzone beschreiten, so wie es meine beiden NASA-Alumni-Freunde getan haben. Mark und Wanda haben ihr Denken ausgehend von der Raketentechnik um das Produzieren von Wissenschafts-Videos und das Unterrichten von Highschool-Schülern erweitert und so gezeigt, wie bemerkenswerte Menschen wachsen und Dinge verändern.

Weiter gehen

- → Sie fragen sich, ob Sie Interessen weiterverfolgen sollten, die Ihnen weder Geld noch Verbindungen einbringen.
- → Sie suchen nach inspirierenden Beispielen, wie sich durch mutiges und langfristiges Engagement etwas bewirken lässt.
- → Sie denken immer nur an die Zukunft statt an die Bedeutung Ihrer gegenwärtigen Vorhaben.

Menschen mit Wachstumsmentalität stehen viele Wege offen. Eine Möglichkeit besteht darin, auf einem eingeschlagenen Weg zu bleiben und darauf weiter zu gehen, als irgendwer (Sie selbst und Ihre Eltern eingeschlossen) es für möglich gehalten hätte.

Bemerkenswerte Menschen berichten oft von Kindheitserlebnissen, wenn sie erklären wollen, wo sie am Ende gelandet sind. Hier erinnert sich zum Beispiel Jane Goodall an ihre Jugend in den 1930er-Jahren:

> *Ich ging gern mit meinem Hund auf den Klippen spazieren, und dort habe ich auch die Vögel und die Eichhörnchen beobachtet und Dr. Dolittle gelesen. Ich wünschte mir damals, ich hätte*

einen Papagei, der mir die Sprache der Tiere beibringen könnte. Und als ich acht war, machte ich allen meinen Freundinnen und Freunden weis, ich könnte die Tiere verstehen. Ich interpretierte das Bellen der Hunde und das Miauen der Katzen und das Singen der Vögel.

1941, im Alter von sieben Jahren, las sie *Doktor Dolittle und seine Tiere,* und das war der Moment, an dem sie beschloss, sie müsse eines Tages nach Afrika gehen. Ihre ganze Kindheit hindurch zeigte sie ihre Liebe zu Tieren und ihre Faszination für deren Lebensweise.

Ihre Familie konnte es sich nicht leisten, sie auf die höhere Schule zu schicken, und so ging sie auf die Sekretärinnenschule, wo sie Maschineschreiben, Kurzschrift und Buchhaltung lernte. Letztlich landete Jane dann in Nairobi, wo sie Louis Leakey traf und für ihn schließlich als Sekretärin arbeitete. Leakey war der britische Anthropologe, der die Ursprünge der Menschheit in Ostafrika dokumentierte.

Abbildung 1.2: Jane Goodall mit Figan, dem Alphamännchen, im Nationalpark Gombe in Tansania. *(Quelle: Jane Goodall Institute)*

1957 erzählte Leakey Jane dann von Schimpansen, die in der Nähe eines Sees in Tanganjika lebten. Janes Forschungen über Schimpansen begannen 1960, als sie Mitte 20 war, und dauerten 60 Jahre lang an. Sie zeigte, dass Schimpansen nicht einfach nur wilde Tiere waren, sondern auch intelligente und höchst soziale Wesen.

Bis 2023 wurde Goodall von mehr als 70 Universitäten der Ehrendoktortitel verliehen. Sie ist Mitglied der National Academy of Sciences und der Royal Society of London. 2018 wurde sie vom Magazin *Time* zu einer der 100 einflussreichsten Persönlichkeiten der Welt ernannt, und 2021 gewann sie den Templeton Prize.

Janes Karriere zeigt, dass eine der Möglichkeiten, bemerkenswert zu werden, darin besteht, dass man einem Gebiet treu bleibt und dort größeren Erfolg erzielt als erwartet. Es kann lange dauern, aber wer durchhält, wird oft belohnt.

Die Pferde wechseln

- → Sie möchten erfahren, welchen Vorteil es hat, auf ein völlig anderes Feld oder Interessengebiet überzuwechseln.
- → Sie suchen Bestätigung für Ihre Ansicht, dass das Ziel und nicht der Ausgangspunkt das Wichtigste sei.
- → Sie fragen sich, ob es je zu spät sein kann, die eigenen Pläne zu ändern.

Eine zweite Möglichkeit für Menschen mit Wachstumsmentalität besteht darin, »die Pferde zu wechseln« und auf einem völlig anderen Feld weiterzumachen. Ich muss zwar zugeben, dass sich meine eigenen Erfahrungen mit Pferden darauf beschränken, dass ich bei Paramount Network fünf Staffeln der Serie *Yellowstone* geschaut habe, aber sehen Sie sich doch einmal den Weg an, den Julia Child, Autorin und Fernsehstar auf dem Gebiet der französischen Küche, zurückgelegt hat.

Abbildung 1.3: Julia Child in ihrer Küche in Cambridge (Massachusetts), 1974. *(Quelle: Science History Images / Alamy Stock Photo)*

Sie stammte aus einer reichen Familie aus Pasadena (Kalifornien) und machte ihren Abschluss mit Hauptfach Geschichte am Smith College in Massachusetts. Ihre Karriere begann sie in New York als Werbetexterin für die Möbelkette W. & J. Sloane.

Während des Zweiten Weltkriegs war sie zu groß, um sich dem Women's Army Corps anschließen zu können, daher ging sie zum Office of Strategic Services (OSS), dem Vorläufer des CIA. Mit anderen Worten: Julia war Spionin. Sie begann als Schreibkraft (ähnlich wie Jane Goodall), stieg in der Organisation aber rasch auf.

Eines ihrer Projekte bestand darin, ein Abwehrmittel zu entwickeln, das Haie davon abhielt, Unterwasserminen zur Explosion zu bringen, die eigentlich für deutsche U-Boote bestimmt waren. Später wurde sie nach Sri Lanka und China versetzt. 1946 heiratete sie Paul Cushing Child, der sie mit der französischen Küche vertraut machte. Sie war zu dieser Zeit 34 Jahre alt.

Fünf Jahre später machte sie ihren Abschluss an der Kochschule *Le Cordon Bleu* in Frankreich. Sie brachte Amerikanern in Paris französische Küche bei und entwickelte Rezepte, die schließlich in den Bestseller *Mastering the Art of French Cooking* einflossen, den sie zusammen mit Louisette Bertholle und Simone Beck verfasste.

Ihre Texte und Auftritte mündeten in die Fernsehshow *The French Chef*, die zehn Jahre lang lief und einen Peabody und einen Emmy gewann. Die Bücher und Fernsehshows, die sie bis zu ihrem Tod im Jahr 2004 produziert hat, sind zu zahlreich, um sie hier alle aufzuzählen. Und das alles von einer Frau, die in ihrer Jugend gar nicht kochen lernte, weil die reiche Familie ihren eigenen Koch hatte.

Einen Weg viel weiter zu gehen als geplant oder auf einen ganz neuen Weg einzuschwenken – beides sind gangbare Möglichkeiten. Das Ziel und nicht der Ausgangspunkt ist das Wichtige, ganz unabhängig davon, wie geradlinig der Weg verläuft.

Ganz kleine Schritte machen

- → Sie möchten erfahren, ob es eher kleine Schritte oder große Transformationen sind, die langfristig zum Erfolg führen.
- → Sie fragen sich, ob das, was Sie derzeit machen, sich auf Dauer auszahlen wird.
- → Sie sind auf der Suche nach einer Möglichkeit, wie Sie zu Kollegen aufschließen können, die anscheinend weit vorausgeprescht sind.

Bis Ihre Nervenzellen schließlich von Wachstumsdenken durchströmt werden, sollten Sie sich kleine Ziele setzen und erste Erfolge weitere Erfolge hervorbringen lassen. Als erster Schritt müssen Sie nicht gleich Star in einem Hollywood-Film werden oder Investigativ-Reporter für die *New York Times*, ein Milliarden-Unternehmen starten oder in Harvard lehren.

Zu Wachstum kommt es nicht in großen Sprüngen oder in wunderbaren Momenten der Offenbarung. Viel wahrscheinlicher ist, dass es sich in ganz kleinen Schritten ereignet. Sagen wir, Sie wollen Autor oder Autorin werden. Beginnen Sie mit einem persönlichen Tagebuch, schreiben Sie für eine Website wie *Medium,* reichen Sie Meinungsbeiträge und Leserbriefe ein, und machen Sie darauf aufbauend weiter.

Die erste Veröffentlichung eines von mir geschriebenen Textes erfolgte Mitte der 1980er-Jahre im Entwickler-Newsletter von Apple. Mein bahnbrechender Artikel für diese prestigeträchtige Publikation (Auflage: 1000) trug den Titel: »The Silicon Valley Guide to Dating«. Als Software-Botschafter des Unternehmens war ich selbst Herausgeber und Redakteur dieses Newsletters, wodurch die Veröffentlichung des Artikels gewährleistet war.

Mein erstes Buch mit dem Titel *The Macintosh Way* wurde 1987 veröffentlicht. Es erläuterte Philosophie und Taktik der Macintosh-Abteilung von Apple. Der Verlag Scott Foresman veröffentlichte das Buch, weil ich damals prominenter Apple-Manager war. Wenn ich mir heute ansehe, was ich damals geschrieben habe, ist mir das leicht peinlich.

Aber ich habe seitdem immer weiter geschrieben.

Es ist nichts verkehrt an ganz kleinen Schritten. Die Welt funktioniert so. Sie täuschen sich, wenn Sie meinen, Sie hätten die Wahl zwischen sofortigem Erfolg und langer Plackerei. Lange Plackerei ist es, was Sie letztlich zu lang anhaltendem Erfolg führen wird.

Von Neidgefühlen leiten lassen

→ Sie fühlen sich inspiriert durch bemerkenswerte junge Leute wie Olivia Julianna, Malala Yousafzai und Maxwell Frost und fragen sich, ob Ihre eigene Motivation wohl genauso nobel ist.

- → Sie fragen sich, ob Sie wohl jemals eine große Veränderung auf der Welt bewirken können.
- → Sie möchten erfahren, wie Sie Neid in eine legitime Quelle für Inspiration und Lebensziele umwandeln können.

Von außen betrachtet oder im Rückblick können Sie bemerkenswerten Menschen die Motivation zuschreiben, sie wollten etwas bewirken, die Erde retten oder erstaunliche künstlerische, musikalische oder schriftstellerische Werke erschaffen.

Hut ab, wenn so etwas für Sie gelten sollte, aber Sie wären auch nicht allein, wenn Sie durch weniger hochtrabende Ziele motiviert sind. Folgendermaßen hat Steve Wozniak mir die Gründung von Apple geschildert:

> *Er [Steve Jobs] hatte kein Computerunternehmen vor Augen. Vor Augen hatte er, was er kannte. Er hatte überschüssige Elektronikbauteile verkauft. Er wusste, wie man Schalter und Kondensatoren und Transistoren kauft und verkauft sowie sogar ein paar kleine einfache Chips ...*
>
> *Er wollte einfach nur anfangen, eine Leiterplatte für PCs zu bauen, die uns 20 Dollar in der Produktion kosten und 40 Dollar im Verkauf einbringen sollte. Keiner von uns hatte wirklich gute Argumente dafür, dass wir damit Geld verdienen würden, aber er sagte: »Na ja, aber zumindest hätten wir so einmal im Leben ein eigenes Unternehmen.«*
>
> *Was er wollte, war, irgendwie wichtig zu sein auf der Welt, und er hatte keinen akademischen Background und auch keinen echten geschäftlichen Background, aber er hatte immerhin mich, und deswegen sagte er: »Gründen wir doch ein Unternehmen!«*

Ich kann diese Art zu denken gut nachempfinden. Als ich Teenager war, ließ mich mal jemand in seinem Porsche 911 mitfahren. In meiner College-Zeit kam der Vater eines Klassenkameraden in seinem Ferrari 275 GT zum Family Weekend der Stanford

University und ließ mich eine Runde mitfahren. Und dann ließ mich auch noch Mike Boichs Mutter ihren Ferrari Daytona fahren. (Mike Boich war mein Klassenkamerad am College und derjenige, der mir einen Job bei Apple verschaffte.)

Das waren bewusstseinserweiternde Erfahrungen für einen Jungen aus dem ärmeren Teil Honolulus. Neid war es, was uns beide antrieb: Steve beneidete Menschen, die wichtig waren; ich beneidete Menschen, die tolle Autos fuhren. Ich wollte keine andere Welt erschaffen. Ich wollte nur andere Autos fahren. Und das war es, was mich motivierte, fleißig zu lernen und fleißig zu arbeiten.

Es gibt auch noch eine andere Art von Neid, die funktioniert. In diesem Fall begegnet man einer großen Persönlichkeit und sagt sich, so möchte man auch werden. Beispielsweise könnte man eine Schauspielerin, eine Schriftstellerin, einen Sportler um ihre Fähigkeiten und ihre Wirkung auf die Menschen in ihrem Umfeld beneiden.

Solche Neidgefühle zuzulassen kann motivierend und damit auch produktiv sein. Das Wichtigste ist, dass Sie überhaupt motiviert sind, machen Sie sich also keinen Stress wegen der Quelle Ihrer Motivation.

Einen Helden finden

- → Sie möchten erfahren, wie Sie mit Problemen umgehen können, die Sie direkt daran hindern zu tun, was Sie gern tun würden.
- → Sie sind auf der Suche nach Inspiration durch Menschen, die eine solche Situation überwunden haben.
- → Sie möchten eine Perspektive bekommen, wie Sie motiviert bleiben und Selbstmitleid vermeiden können.

Nachdem ich über 20 Jahre lang mit Tinnitus, Schwindel und Hörminderung zu tun hatte, war ich Anfang 2022 fast vollständig taub.

Ich führe das aufs jahrelange Anhören der bescheuerten Verkaufspräsentationen von Tech-Unternehmern zurück.

Bevor im September desselben Jahres mein Cochlea-Implantat aktiviert wurde, war ich auf Live-Transkriptionen angewiesen, um Podcast-Interviews führen zu können. Live-Transkriptionen waren nicht besonders toll damals, und so war es für mich ein Kampf, so gesprächig wie gewohnt zu bleiben.

In dieser Zeit brauchte ich einen Helden, der mich dieses Handicap überwinden ließ, und da gab es einen Gedanken, der mich bei der Stange hielt: Wenn Beethoven Musik komponieren konnte, während er taub war, dann könnte ich doch wohl auch Podcasts aufnehmen, indem ich Live-Transkriptionen lese, während ich taub bin. (Nicht dass ich vom Talent her in irgendeiner Weise mit Beethoven zu vergleichen wäre.)

Podcasts aufzunehmen, während man taub ist, ist allerdings leicht im Vergleich zum Versuch, einen Doktortitel zu erwerben, während man im Gefängnis sitzt. Stanley Andrisse ist Endokrinologe und Assistant Professor am College of Medicine der Howard University sowie Autor des Buchs *From Prison Cells to PhD: It Is Never Too Late to Do Good.*

Seine bemerkenswerte Reise begann in Ferguson-Florissant (Missouri) und beinhaltet drei Verurteilungen wegen Schwerverbrechen. Er saß im Gefängnis, als er begann, sich um einen Doktortitel zu bemühen, und er war dort mit Gefängnisregeln konfrontiert, die Briefe über fünf Seiten verboten.

Leider sind die Informationspakete und Bewerbungsformulare der Hochschulen aber weit länger als fünf Seiten. Daher ließ er das Material an einen Freund senden, der es dann auf Fünf-Seiten-Briefe aufteilte, die er separat verschickte.

So wurden es zehn bis zwanzig Briefe pro Hochschule, und er bewarb sich auf insgesamt sieben Programme. Die Post kommt nicht unbedingt immer zusammen an, und so musste er die Teile nach dem Empfang erst richtig zusammensetzen. Ein weiteres Problem war die Grenze für die Menge an Post, die ein Gefangener in seiner Zelle haben durfte, weswegen die Wärter beschlagnahmten, was zu ihm kam.

Auch Online-Formulare auszufüllen war schwierig. Jede Bewerbung hatte ein Research Statement und eine persönliche Erklärung zu enthalten. Stanley schickte seine handgeschriebenen Entwürfe zur Überarbeitung an einen Freund. Der sandte sie anschließend zurück, damit Stanley sie auch überarbeiten konnte. Und dann schickte Stanley die korrigierten Versionen an seine Freundin, die sie abtippte. Die kompletten Texte sandte diese wiederum an andere Freunde weiter, die seine Aussagen dann in Online-Formulare übertrugen und sie in seinem Namen einreichten.

Alles in allem halfen ihm sechs Personen bei seinen Bewerbungen auf sieben Doktorandenprogramme. Das Vorgehen zog sich über Monate hin. Eine Frage erwies sich als Haupthemmnis bei den Bewerbungen: »Sind Sie schon einmal wegen eines Schwerverbrechens schuldig gesprochen worden? Wenn ja, bitte erläutern.« Bei jeder Bewerbung waren für die Antwort nur zwei Zeilen Platz vorgesehen.

Sechs der sieben Hochschulen lehnten seine Bewerbung ab, nur die Saint Louis University gab ihm eine zweite Chance, und Stanley konnte vom Delinquenten zum Doktor werden.

Wenn man einen Helden hat, hilft das, die eigene missliche Lage zu relativieren und die Neigung zu verringern, sich aufs Negative zu konzentrieren. Kämpfe sagen etwas aus und sind beachtenswert, aber Beharrlichkeit gehört zu den Dingen, die einen Menschen bemerkenswert machen.

Bloom, Baby, Bloom

Raquel Willis ist Aktivistin und Autorin. Sie war Chefredakteurin des Magazins *Out* und nationale Organisatorin des Transgender Law Center. Von allen Menschen, die ich interviewt habe, gehört ihre Transition zu den dramatischsten: vom »kleinen schwarzen Jungen« zur prominenten und führenden Persönlichkeit in der LGBTQ+-Community. Zu dieser Reise gehörten Hormonersatztherapien, geschlechtsangleichende Operationen sowie erhebliche psychologische Anpassungen.

Abbildung 1.4: Raquel Willis bei der New York Fashion Week 2019. *(Quelle: Jamie McCarthy/Getty Image)*

Ihre Memoiren tragen den Titel *The Risk It Takes to Bloom: On Life and Liberation*. Folgendermaßen erklärte sie in unserem Interview, was ihre Weiterentwicklung und Transition mit sich brachte:

> *Vom kleinen schwarzen Jungen, der im Süden der USA aufgewachsen ist, zu der Frau, die ich heute bin, der Aktivistin und Autorin … auf den ersten Blick wirkt diese Transition recht*

drastisch, aber ehrlich gesagt finde ich, wir durchlaufen im Laufe unseres Lebens doch alle gewisse Transitionen.

Das Entscheidende für meine Transition war, dass ich meiner inneren Stimme vertraut habe … der Überzeugung, wer ich bin, auch wenn die Welt es nicht versteht oder auch wenn sich das Gefühl einstellt, dass ich ja einen derartigen Berg an Arbeit erledigen muss, um die Welt zum Verstehen zu bringen.

Es geht auch darum, nicht zuzulassen, dass die Tiefpunkte des Lebens und die Tragödien, mit denen wir alle unvermeidlich konfrontiert werden, sich so tiefgreifend destabilisierend auswirken, dass sie einen davon abhalten, die Möglichkeit der Veränderung, die Möglichkeit der Weiterentwicklung zu sehen.

Das Entscheidendste, um nicht einfach bloß zu überleben, sondern um auch zu wachsen und zu gedeihen, ist in aller Bescheidenheit und mit Verständnis zu erkennen, dass man nur ein Einzelner in einem größeren Kollektiv ist und dass die eigene Lebensgeschichte nur ein Faden in diesem großen, prächtigen Gewebe ist, das aus einem Bündel anderer Storys besteht.

Wachstum und Transition sind herausfordernd und brauchen Zeit, sind aber wesentlich, um etwas zu bewirken und bemerkenswert zu werden. Es verlangt Überzeugung, Bescheidenheit und erhebliche Anstrengung, das zu erreichen.

Weiterführende Literatur

Andrisse, Stanley. *From Prison Cells to PhD: It Is Never Too Late to Do Good.*

Child, Julia. *My Life in France.*

Dweck, Carol. *Mindset: The New Psychology of Success* (deutsch: *Selbstbild: Wie unser Denken Erfolge oder Niederlagen bewirkt).*

Willis, Raquel. *The Risk It Takes to Bloom: On Life and Liberation.*

2 Mit Verletzlichkeit abfinden

»Wachstum und Bequemlichkeit können nicht koexistieren.«

Ginni Rometty

→ Sie möchten erfahren, ob erfolgreiche Menschen zu Beginn verletzlich waren.
→ Sie möchten sich durch Menschen inspirieren lassen, die Misserfolge überwunden haben.
→ Sie möchten Rückschläge in Wachstum verwandeln.

Die Kehrseite des Wachstumsdenkens ist Verletzlichkeit. Das englische Wort für Verletzlichkeit, *vulnerability,* kommt vom lateinischen *vulnus,* das heißt »Wunde«. Es dauert lange, bemerkenswert zu werden, und Sie werden in dieser Zeit Misserfolge und Rückschläge erleben, daher müssen Sie sich auf Ihrer Reise mit Verletzlichkeit abfinden. Und das gilt sogar, wenn alles gut läuft.

Jeder ist verletzlich. Wunden an seinem Selbstbild, seinem Ansehen und seinem Wohlbefinden trägt jeder Mensch davon. Wichtiger, als solche Wunden zu vermeiden, ist es, wie man mit diesen Wunden umgeht. Für den Umgang mit Misserfolgen empfehle ich das Motto: Manchmal gewinnt man, manchmal wächst man.

Wenn die Angst vor Wunden Sie davon abhält, etwas zu wagen, kommen Sie nicht weiter. Ganz gleich, ob Sie von einer niedrigen Position oder einer hohen Position aus nicht weiterkommen, Sie werden nie Ihr volles Potenzial entfalten.

Nach einem Rückschlag nicht aufzugeben, das ist, was bemerkenswerte Menschen von gewöhnlichen Menschen unterscheidet. Kristi Yamaguchi wurde, wie nur wenige wissen, bei ihrem ersten Eiskunstlauf-Wettbewerb nur Zwölfte, aber das motivierte sie bloß, ihre Anstrengungen noch zu vergrößern. Schließlich gewann sie den Eiskunstlauf-Wettbewerb bei den Olympischen Winterspielen 1992 sowie zwei Weltmeisterschaften und die sechste Staffel der US-Tanzshow *Dancing with the Stars.*

Abbildung 2.1: Kristi Yamaguchi winkt nach ihrem Goldmedaillengewinn bei den Olympischen Winterspielen 1992 dem Publikum zu. Es war ein weiter Weg, nachdem sie ihren ersten Wettbewerb nur auf dem 12. Platz abgeschlossen hatte. *(Quelle: David Madison/Getty Images)*

Wichtig ist, dass Sie lernen, sich mit Verletzlichkeit abzufinden, das heißt zu akzeptieren, dass es zu Rückschlägen kommen wird, und trotzdem weiterzumachen. Paradoxerweise wird Sie das stärker machen und in die Lage versetzen, nach und nach besser mit Ihren »Wunden« fertigzuwerden.

»Go On, Be Brave«

→ Sie möchten erfahren, wie Menschen Herausforderungen und Beeinträchtigungen überwunden und außergewöhnliche Ziele erreicht haben.

→ Sie möchten die Herausforderungen, vor denen Sie stehen, ins rechte Verhältnis rücken.
→ Sie möchten verstehen, welche Kraft Beharrlichkeit, Entschlossenheit und Anpassungsfähigkeit haben.

2014 wurde bei Andrea Lytle Peet ALS, eine degenerative Erkrankung des Nervensystems, die Zellen in Gehirn und Rückenmark zerstört, diagnostiziert. Die meisten Menschen erliegen der Krankheit innerhalb von zwei bis fünf Jahren, da sie ihre Fähigkeit verlieren, zu essen, zu atmen, zu laufen und zu sprechen.

Abbildung 2.2: Andrea Lytle Peet beim Zieleinlauf des 50. Marathons nach ihrer ALS-Diagnose. Es handelt sich um den Prince of Wales Island Marathon In Alaska, 2022.
(Quelle: Shannon Murphy)

2023 sind es schon neun Jahre, die Andrea überlebt hat, und nach ihrer Erstdiagnose hatte sie eine mutige Idee: in allen 50 Staaten der USA einen Marathon zu absolvieren, um der Krankheit zu trotzen und Unterstützung für die Suche nach Behandlungsmöglichkeiten zu mobilisieren. Dafür musste sie tapfer sein und sich verletzlich machen, sowohl gegenüber physischen Gefahren als auch gegenüber Enttäuschungen.

Zum Start ihrer Mission lief sie noch auf ihren zwei Beinen, zum Abschluss fuhr sie mit einem Liegedreirad. Ihr Ziel erreichte sie im Mai 2022 auf der Prince-of-Wales-Insel in Alaska. Ein Abschluss in Alaska war allerdings nicht ihr ursprünglicher Plan gewesen. Eigentlich sollte ihr 50. Rennen der Boston Marathon werden (mehr dazu in einer Minute).

Danach zu streben, 50 Marathons zu absolvieren, nachdem eine tödliche Nervenerkrankung diagnostiziert wurde, ist geradezu die Verkörperung der Idee, sich mit Verletzlichkeit abzufinden. Ihr Beschluss war »Go On, Be Brave« (Mach weiter, sei tapfer), so wie auch der Titel des Films über ihr Wettrennen gegen die Zeit lautet.

Sich gegen Rückschläge wappnen

- → Sie möchten Schwierigkeiten und Hindernisse als Tor zum Wachstum betrachten.
- → Sie möchten erfahren, wie Sie potenzielle Probleme vorhersehen und Pläne für Rückschläge treffen können.
- → Sie fragen sich, wie es Ihnen beim Umgang mit den Schwierigkeiten des Lebens helfen kann, wenn Sie die Dinge ins rechte Verhältnis rücken.

Um es unverblümt zu sagen: Shit happens. Sie werden Negativität, Ablehnung und auch Gefahren begegnen. Es wird Leute geben, die Ihnen sagen, das, was Sie vorhaben, sei nicht machbar, sollte nicht gemacht werden und sei nicht nötig.

Jeder bemerkenswerte Mensch, den ich kenne, musste sich Herausforderungen stellen. Hier lesen Sie nun das, was Andrea Lytle Peet durchmachte, als sie ihre ALS-Diagnose erfahren hatte:

> *Ich erinnere mich, dass ich direkt nach der Diagnose im Auto saß und weinte. Ich war völlig niedergeschlagen, und dann schaute ich auf und erkannte einfach: Ich kann niedergeschlagen bleiben oder ich kann jetzt mein Leben leben. Die Zeit wird so oder so vergehen.*

Aber wenn Sie diese ALS-Diagnose schon für eine schlimme Sache halten, dann sollten Sie erst mal hören, was dann noch kam: Die Boston Athletic Association lehnte ihre Bewerbung für den Boston Marathon ab! Es gibt dort Unterabteilungen für Rollstuhlfahrer, Parasportler, Handbikes, Duo-Teams und Menschen, die visuell, physisch und mental beeinträchtigt sind, aber Andrea und ihr Liegedreirad waren irgendwie nicht zulässig.

Man hätte ja meinen sollen, die Marathon-Leute wären begeistert gewesen von Andreas mutiger Mission, aber von wegen. Im Brief der Association hieß es:

> *Wir verstehen zwar Ihre Lage, die Sie in Ihrer E-Mail dargelegt haben, können aber die Teilnahme mit einem Liegedreirad nicht zulassen, da dies in den Bereich Radsport fällt. Die Regeln des Boston Marathon Para Athletics Division & Adaptive Program besagen: »Handbikes mit Motor oder Pedalen sind nicht gestattet. Auch die Benutzung sonstiger motor-, kurbel- oder kettenbetriebener Fahrradausrüstung ist den Sportlern beim Boston Marathon nicht gestattet, einschließlich fußbetriebener Liegeräder, Dreiräder oder Fahrräder.«*

Hier ein Abschnitt aus Andreas empörter Antwort an die Boston Athletic Association:

> *Wenn man die Diagnose ALS erhält, dann ist das, als würde einem für seine gesamte Zukunft ein NEIN entgegengeschleudert. KEINE Heilung, KEINE Behandlung, KEINE Chance auf*

Genesung, KEINE Chance, ein Baby zu bekommen, KEINE Hoffnung. Ich habe aber gelernt, dass es immer Hoffnung gibt. Man muss vielleicht nur eine andere Möglichkeit finden.

Was hat Andrea also getan? Nun, zunächst einmal hakte sie den Staat Massachusetts ab, indem sie an dem flexibleren und kulanteren Martha's Vineyard Marathon teilnahm.

Und dann reiste das »Team Drea«, das aus ihrem Mann und ein paar Freunden bestand, nach Boston, wo Andrea den Marathon am Tag vor dem offiziellen Rennen »absolvierte«. Lustigerweise wurde bei diesem Rennen übrigens das 50-jährige Bestehen der Frauenabteilung gefeiert.

Der zweite Schritt, nachdem Sie Ihren Mut zusammengenommen haben, besteht also darin, dass Sie sich gegen Rückschläge wappnen, denn die werden kommen:

- Akzeptieren Sie, dass »shit happens«, und das mit hoher Wahrscheinlichkeit. Seien Sie nicht geschockt, wenn es beim ersten Mal oder auch die ganze Zeit über nicht gut läuft.
- Ermitteln Sie, was möglicherweise passieren kann. Stellen Sie eine Liste mit allen Dingen zusammen, die schiefgehen könnten, und räumen Sie schon im Vorfeld aus dem Weg, was Sie nur können.
- Entwerfen Sie Alternativpläne, mit denen Sie wieder reparieren können, was sich nicht verhindern ließ. Am besten ist es, so etwas schon im Voraus zu machen statt in Echtzeit, wenn die Krise da ist. Aber überlegen sollten Sie sich Alternativmöglichkeiten auf jeden Fall – so wie zum Beispiel den Marathon schon vor dem offiziellen Rennen zu absolvieren.
- Rücken Sie die Dinge ins rechte Verhältnis. Fragen Sie sich, ob das, was Ihnen passiert, wirklich so schlimm ist. Würden Sie zum Beispiel lieber Ihr Hörvermögen verlieren oder eine ALS-Diagnose bekommen?

Es besteht kein Zweifel, dass die Welt gelegentlich dafür sorgen wird, dass »shit happens«. Denken Sie daran, dass Ihr Ungemach vorübergehend ist. Tun Sie in der Gegenwart, was Ihnen möglich ist, und behalten Sie für die Zukunft im Kopf, dass Schwierigkeiten auch die Chance zu wachsen mit sich bringen – und das ist genau das, was ein bemerkenswerter Mensch mit offenen Armen begrüßt.

Sich eine Erholungspause gönnen

→ Sie möchten erfahren, wie Sie durch Gedanken und Handlungen mit den Nachwirkungen Ihrer Verletzlichkeit fertigwerden können.
→ Sie möchten die negativen Folgen frontal angehen und gangbare Schritte einleiten.
→ Sie möchten erfahren, wie Sie die Unterstützung von Personen erlangen können, die auch schon die Erfahrung gemacht haben, dass sie etwas nicht erreichen, damit aber fertiggeworden sind.

Wenn es zu Rückschlägen und Verletzungen gekommen ist, müssen Sie mit den negativen Folgen umgehen. Dazu können finanzielle Verluste, Schamgefühl und die Beschädigung des Selbstwertgefühls gehören.

Die erste Maßnahme, um wieder auf die Beine zu kommen, ist, sich eine Erholungspause zu gönnen, indem Sie sich selbst verzeihen und mit Ihrer Selbstkritik aufhören. Hier ein paar Möglichkeiten, wie Sie sich eine solche Erholungspause gönnen können:

- Geben Sie Ihre Enttäuschung zu. Verschließen Sie nicht die Augen vor der Wirklichkeit.
- Entdecken Sie den Silberstreif am Horizont. Aus Misserfolgen lässt sich immer etwas lernen. Das besprechen wir im nächsten Abschnitt.

- Holen Sie sich die Unterstützung anderer. Wie das Sprichwort sagt: Geteiltes Leid ist halbes Leid. Isolieren Sie sich nicht.
- Setzen Sie sich neue Ziele. Einen Misserfolg überwindet man am besten, wenn man beim nächsten Mal mehr Erfolg hat.
- Schreiten Sie zur Tat. Ziele verwirklichen sich nicht von allein, daher sollten Sie aktiv werden und etwas dafür tun.

Wichtig ist auch zu wissen, dass jedem schon mal etwas misslungen ist – auch Leuten wie Steve Jobs, Jane Goodall und Stacey Abrams. Und ganz besonders Guy Kawasaki. Wenn Sie finden, dass Ihnen etwas nicht gelungen ist, dann heißt das, dass Sie sich selbst pushen, und das ist etwas Gutes. Wenn Ihnen nie etwas misslingt, dann treiben Sie sich auch nie wirklich an, und dann können Sie auch nicht bemerkenswert werden.

Aus Misserfolgen lernen

→ Sie möchten verstehen, wie Misserfolge von anderen wahrgenommen werden.
→ Sie suchen nach inspirierenden Beispielen, wie bemerkenswerte Menschen Misserfolge erlitten haben.
→ Sie wollen herausfinden, wie Sie feststellen können, ob eine Chance wahrscheinlich zu einem Misserfolg führen wird.

Wenn Sie anfangen, sich mit Ihrer Verletzlichkeit abzufinden, sollten Sie überlegen, was wirklich auf dem Spiel steht. Viele Menschen sehen das größte Risiko in der Peinlichkeit, würden also womöglich mehr Risiken eingehen, wenn ihre Misserfolge anonym blieben. Aber der Versuch, Misserfolge zu verbergen, ist gar nicht der Mühe wert.

Denn zunächst einmal werden es wahrscheinlich ohnehin nur wenige Menschen mitbekommen, wenn Sie auf die Nase fallen, ins Leere laufen oder einen Fehlstart hinlegen. Und wer es mitbekommt, dem ist es egal oder der wird sich später gar nicht mehr daran erinnern. Als ich mit dem Surfen anfing, dachte ich, alle würden lachen, wenn ich ins Wasser falle. Nach einiger Zeit bemerkte ich, dass nur wenige hinschauten und noch weniger sich darum kümmerten. Ich könnte auch bei noch höheren Wellen noch spektakulärer stürzen, ohne dass es irgendwelche Auswirkungen hätte.

Oder denken Sie an Apple: Das wertvollste Unternehmen aller Zeiten erlebte Misserfolge mit Apple III, Lisa, Newton, Pippin und iPod Hi-Fi. Womöglich haben Sie von diesen Apple-Produkten noch nie gehört, und ich werde hier auch keinen Platz dafür verschwenden, sie zu beschreiben.

Abbildung 2.3: Der Apple-Computer Lisa kam 1983 heraus. Er war ein kommerzieller Misserfolg, bahnte aber dem Macintosh den Weg. *(Quelle: Apple)*

Misserfolg auf fahrlässige, gedankenlose oder hemdsärmelige Weise zu erleiden ist allerdings nicht in Ordnung. Misserfolge sind eine Verschwendung von Geld, Zeit, Mühe und menschlichem Potenzial. Sie können die Karriere von Mitarbeitern beeinträchtigen und im Extremfall sogar das Leben von Kunden, Mitarbeitern und Verkäufern gefährden.

Misserfolge liefern jedoch wertvolle Informationen, die künftige Bemühungen verbessern können. Sie waren dann nicht einfach eine Verschwendung von Zeit und Ressourcen. Und diese Informationen können Sie auch auf keine andere Art erhalten als dadurch, dass Sie einen Misserfolg riskieren.

Hier drei Beispiele aus dem Bereich Unterhaltung:

- Walt Disney wurde auf einer seiner ersten Stellen als Mitarbeiter bei Trickfilmen entlassen, weil der Chef fand, er habe zu wenig Fantasie.
- Oprah Winfrey wurde bei ihrem ersten Fernsehjob als Nachrichtensprecherin in Baltimore gekündigt.
- Steven Spielberg wurde mehrfach von der Filmschule der University of Southern California abgelehnt.

Das Entscheidende ist: Misserfolge sind weniger destruktiv, manchmal sogar konstruktiv, wenn sie sich in etwas verwandeln lassen, was Sie letztlich stärker macht. Der Weg zum Ziel, bemerkenswert zu werden, ist nicht vorgezeichnet.

Zweifel zum eigenen Vorteil nutzen

→ Sie möchten sich durch die Zweifel anderer Leute dazu motivieren lassen, denen mal zu zeigen, dass sie unrecht hatten.
→ Sie fragen sich, ob ein negatives und destruktives Feedback auch eine gute Seite hat.
→ Sie möchten erfahren, wie wichtig es ist, eine eigene kleine »Gemeinde« zu haben.

Die Jugendzeit war für Jonathan Conyers die Hölle. Er war das jüngste von fünf Kindern, und beide Eltern waren cracksüchtig. Bis zu seinem Highschool-Abschluss musste er mehr als zehnmal zwischen Obdachlosenunterkünften und Sozialwohnungen umziehen. Wenn seine Eltern Geld verdienten, wurde das dafür verwendet, um Crack zu kaufen; Lebensmittel und Kleidung stahl die Familie.

Nach einer Festnahme wegen Diebstahls bekam er die Auflage, auf die Frederick Douglass Academy in Harlem zu gehen, wenn er nicht ins Gefängnis wollte. Um den Gefahren und den illegalen Aktivitäten der Klassenkameraden in der Schulcafeteria zu entgehen, ging Jonathan zu Treffen des Debattierclubs, und hier fand er seine Berufung und auch seinen Mentor, K. M. DiColandrea.

Es wäre jetzt leicht zu sagen » … und der Rest ist Geschichte«, aber das entspräche nicht ganz der Wahrheit. Denn Jonathans Highschool-Zeit war geprägt von Drogen, Alkohol, Waffen, Nahtod- und Nahverhaftungs-Erfahrungen sowie Teenager-Schwangerschaften.

Aber mit Stehvermögen und Resilienz sowie ein wenig Unterstützung durch das Glück hielt Jonathan durch. An der State University of New York in Stony Brook machte er einen Abschluss in Atemtherapie. Über seine Story wurde im Blog *Humans of New York* groß berichtet. Um Erfolg zu haben, musste er sich seine eigene kleine Gemeinde erschaffen, denn es gab keine, in die er hineingeboren worden wäre.

In unserem Interview hob er hervor, dass zu dieser Gemeinde auch Personen zählen, die ihn schädigen und behindern wollten. Jonathan erzählte mir, dass deren destruktives Feedback nützlich für ihn gewesen sei, weil es ihn motiviert habe, ihnen zu zeigen, dass sie unrecht hatten:

> *Ich betrachte diese Leute als einen Teil meiner Gemeinde, weil sie mir geholfen haben, Selbstvertrauen zu entwickeln. Sie haben mir geholfen, mein Bewusstsein zu entwickeln. Sie haben mich in Situationen der Konfrontation und in Situationen des Zweifels gebracht.*
>
> *Ich habe gezeigt, dass ich in solchen Momenten in der Lage war zu gewinnen, in der Lage war, mich jeder Herausforderung zu*

stellen ... es gab eine Menge solcher Momente, bloß weil ich eben in das Leben hineingeboren wurde, in das ich geboren wurde; von den Eltern geboren wurde, die ich hatte; in den Postleitzahlbezirk geboren wurde, in dem ich geboren wurde.

Ich konnte in der dritten Klasse noch nicht lesen, und es gab sehr viele Lehrer, die mich aufgeben wollten ... die meinten, ich solle ein Teil des Systems bleiben; die meinten, ich solle einer der schwarzen Jungs sein, die nur eine Nummer sind.

Hat Ihnen auch schon mal jemand gesagt, Sie könnten keinen Erfolg haben? Solche Leute könnten Ihnen damit sogar einen Gefallen tun, sofern es Ihnen gelingt, deren Zweifel und Negativität in Ihre eigene Entschlossenheit zu verwandeln. Leute wie Jonathan zeigen, dass man solche Zweifel nicht ungenutzt lassen sollte.

Trau dich, bis du es schließlich schaffst

- Sie möchten erfahren, wie Sie Ihre Angst überwinden und mit strategischen Schritten Ihre Ziele erreichen können.
- Sie fragen sich, ob es eine gute Strategie ist, Selbstvertrauen vorzutäuschen.
- Sie möchten erfahren, wie Sie mit dem Selbstvertrauen, das Sie durch frühere Leistungen erworben haben, größere Herausforderungen in Angriff nehmen können.

Später im Buch werden wir das Konzept »Fake It Till You Make It« (Tu so, dann wirst du so) besprechen, das heißt selbstsicher aufzutreten, wenn man es gar nicht ist. Dieses Kapitel konzentriert sich erst einmal darauf, wie man mit Verletzlichkeit und »Wunden« umgeht und sich etwas traut.

Hier zwei Beispiele. Das erste handelt von Sarah Frey, Herrscherin über ein Kürbisimperium. Ihr Unternehmen besitzt über 6000

Hektar Ackerland und hat 2022 rund acht Millionen Kürbisse verkauft, mehr als jeder andere Betrieb in den USA.

Als sie etwa neun Jahre alt war, fuhr sie mit ihrem Vater im Pritschenwagen durch das ländliche Illinois. Sie stießen auf eine mülltonnengroße Schnappschildkröte, die 15 bis 20 Kilo wog. Der Vater sagte ihr, die solle sie packen und hinten auf die Ladefläche werfen, damit sie sie später essen könnten.

Letztlich brachte sie den Mut auf, das zu tun. Diese Tiere werden nicht umsonst Schnappschildkröten genannt, und an Land sind sie besonders aggressiv. In unserem Interview schreibt sie diesem prägenden Erlebnis zu, dass es ihr später geholfen habe, Herausforderungen zu bestehen, wie etwa Verkaufsanrufe bei Walmart zu tätigen.

Beim zweiten Beispiel geht es ums Wellenreiten. Wenige Aktivitäten sind gefährlicher, als Großwellen zu reiten. Surfen ist immer gefährlich, aber stellen Sie sich einmal vor, sie surften mit 65 Stundenkilometern ein 30 Meter hohes Haus hinunter. Wenn eine solche Welle über Ihnen zusammenkracht, dann fühlt sich das etwa so an:

> *Stellen Sie sich vor, Sie befinden sich in einer Waschmaschine im Schleudergang, und dann schnappt sich – mir fällt gerade niemand anders ein – King Kong diese Waschmaschine und schüttelt sie wie wild in alle Richtungen.*

Diese Beschreibung stammt von Garrett McNamara. Er muss es wissen, denn er ist der Wellenreiter, der die Welt auf die Wellen bei Nazaré in Portugal aufmerksam gemacht hat. Je nachdem, wem Sie glauben, hat er womöglich die höchste je bewältigte Welle geritten. Die HBO-Serie *100 Foot Wave* basiert auf seinen Erlebnissen rund um die Welt.

Abbildung 2.4: Garrett McNamara in Nazaré/Portugal beim Reiten der legendären 30-Meter-Welle. Er ist der kleine Punkt am Ende der weißen Schaumlinie. *(Quelle: Garrett McNamara)*

Wenn es auf der Welt eine Person gibt, die man fragen kann, wie man Angst und Verletzlichkeit überwindet, dann ist es Garrett. Er beschrieb mir den Prozess folgendermaßen:

> *Als ich 16 war, wollte ich über drei Meter nicht hinausgehen. Ich hatte Angst. Es war mal eine Drei-Meter-Welle über mir zusammengeschlagen und ich hatte mir geschworen, eine über drei Meter hohe Welle würde ich nie wieder reiten.*
>
> *Und dann zwangen mich meine Kumpels dazu. Sie gaben mir das richtige Brett, gaben mir die richtigen Ratschläge, und ich ritt jede Welle, die ich wollte – das war's auch schon.*
>
> *Das Feuer war entfacht. Ich lebte nun für große Wellen. Von diesem Tag an liebte ich große Wellen. Erst waren es drei Meter, dann vier, dann sechs, dann acht.*
>
> *Eine solide 15-Meter-Welle ist mal über mir zusammengeschlagen ... das Äußerste, bei dem du noch mit einem Lachen davonkommst. Seitdem denke ich: »Ich kann alles schaffen.«*

Beim Big-Wave-Surfing gibt es kein »Fake It Till You Make It«. Denn das Risiko sind hier der Tod und verlorene Gliedmaßen – nicht nur verletzte Gefühle oder ein zerstörtes Ego. Garrett sagt, man müsse sich seinen Ängsten stellen, dann könne man sie letztlich in Erregung umwandeln. Aber passen Sie gut auf sich auf, wenn Sie so etwas machen, und denken Sie daran, dass auch ganz kleine Schritte in Ordnung sind!

Weiterführende Literatur

Brown, Brené. *Daring Greatly: How the Courage to Be Vulnerable Transforms the Way We Live, Love, Parent, and Lead.*

Peet, Andrea Lytle. *Hope Fights Back: Fifty Marathons and a Life-or-Death Race Against ALS.*

3 Viele Samenkörner aussäen

»Die Aufgabe der modernen Pädagogen besteht nicht darin, Dschungelgebiete zu roden, sondern Wüsten zu bewässern.«
C. S. Lewis

Für Eichen schwärmen

→ Sie möchten gern sehen, ob sich die Metapher vom Eichenpflanzen auch auf den Wunsch übertragen lässt, bemerkenswert zu werden.
→ Sie sind neugierig zu erfahren, wie Eichen gepflanzt werden.
→ Sie fragen sich, ob kleine Anfänge zu großen Ergebnissen führen können.

Hinter meinem Haus liegt ein Hügel, der mit Eukalyptusbäumen bewachsen ist. Aus Australien kommt vieles, was ich sehr schätze, zum Beispiel Canva (Online-Design), Cochlear (Cochlea-Implantate), Rode (Podcast-Ausstattung) und Espresso (tragbare Monitore), aber Eukalyptusbäume gehören nicht dazu. Wissenschaftler schätzen, dass Eukalyptusbäume mehrere hundert Liter Wasser pro Tag verbrauchen, und aufgrund ihres hohen Ölgehalts sind sie auch sehr leicht entflammbar. Außerdem stoßen sie ihre Rinde ab, was die Menge an brennbarem Material noch vergrößert.

Manche Baumarten darf man in Kalifornien nicht fällen, aber Eukalyptusbäume sind Freiwild. Ich habe 150 Exemplare dieser invasiven Spezies beseitigen lassen. (Falls Sie Eukalyptus-Späne oder -Holz brauchen sollten, lassen Sie es mich wissen.) Angesichts eines kahlen Hanges stand ich anschließend vor der Aufgabe, ihn mit einer einheimischen Spezies wie Eichen wieder aufzuforsten.

Eichen sind wunderschöne Bäume, die ein Ökosystem für Raupen, Vögel und andere Tiere bieten. Außerdem tragen sie dazu bei, dass Wasser in den Boden eindringen kann. Nachdem ich mich dermaßen hatte für Eichen begeistern lassen, musste ich erfahren, dass es keine Kleinigkeit ist, Eichen zum Wachsen zu bringen. Der ganze Prozess ist in vielerlei Hinsicht ein Modell für das persönliche Wachstum und die Vorbereitung auf ein bemerkenswertes Leben.

Abbildung 3.1: Einer meiner sechs Monate alten Eichen-Setzlinge, September 2023. Ich werde nie im Schatten des ausgewachsenen Baumes sitzen können. *(Quelle: Beth Kawasaki)*

Zunächst hatte ich meiner eigenen Sterblichkeit ins Auge zu blicken: Aufgrund meines Alters werde ich wohl nie im Schatten eines dieser Bäume sitzen können. Ansonsten lässt sich das Vorgehen beim Bepflanzen eines Hügels mit Eichen folgendermaßen zusammenfassen:

- Hunderte von Eicheln unter vorhandenen Bäumen vom Boden aufsammeln. Eicheln kosten nichts, sind in Hülle und Fülle vorhanden und werden von den meisten Menschen gar nicht beachtet. Sollten Sie in der San Francisco Bay Area leben, ist die

University Avenue im Stadtzentrum von Los Gatos (Kalifornien) eine gute Stelle zum Sammeln.

- Die schlechten Eicheln aussortieren. Wenn man die Eicheln ins Wasser wirft, schwimmen die verfaulten oder toten oben, die gesunden sinken zu Boden. (Hier passt die Analogie zum Leben nicht mehr so ganz.)
- Unter feuchten Papierhandtüchern ein, zwei Monate in den Kühlschrank legen. Das nennt man Stratifikation – es simuliert die Kälte, der Eicheln im Freien ausgesetzt sein müssen, damit die Keimung beginnt.
- Die Eicheln zwei, drei Zentimeter tief im Gelände auspflanzen. Wässern und düngen. Beobachten, was passiert, und die schwächeren aussortieren. Die meisten werden nicht austreiben. Vergessen Sie »Plug and play«; hier heißt es: »Plant and pray.«
- Wässern und düngen, und dann zwanzig Jahre warten. Und hinterher bewundern, was für ein wunderschöner Baum aus einem winzigen Samen hervorwachsen kann.

Die Metapher vom Eichenpflanzen passt perfekt zum Vorgehen, wenn Sie etwas bewirken und bemerkenswert werden möchten. Das heißt: Sie müssen sammeln, vorbereiten, pflanzen, hegen und warten. Das Ganze ist so leicht zu beschreiben, wie es schwer umzusetzen ist.

Darauf vertrauen, dass sich die Punkte zur Linie verbinden

- → Sie möchten wissen, ob der Weg zum Erfolg geradlinig und vorhersehbar verläuft.
- → Sie möchten wissen, ob es in Ordnung ist, wenn Sie der Stimme Ihres Herzens folgen.
- → Sie möchten erfahren, wie Sie allen Vorhaben gleich viel Zuversicht und Aufwand widmen.

Weniger als ein Jahr nachdem ich meine Eicheln gepflanzt habe, weiß ich schon, dass es unmöglich ist vorauszusagen, welche von ihnen austreiben werden. Das erinnert mich an etwas, das Steve Jobs 2005 in seiner Antrittsrede an der Universität Stanford gesagt hat:

> *Sie können die Punkte nie schon in der Vorausschau verbinden. Verbinden lassen sie sich erst im Rückblick. Sie müssen also darauf vertrauen, dass sich die Punkte in Ihrer Zukunft schon irgendwann verbinden werden.*
>
> *Auf irgendetwas müssen Sie dabei vertrauen – Ihr Bauchgefühl, Ihr Schicksal, Ihr Leben, Ihr Karma, was auch immer –, denn die Überzeugung, dass sich auf Ihrem Weg die Punkte schon irgendwann verbinden werden, gibt Ihnen die Zuversicht, auf die Stimme Ihres Herzens zu hören, selbst wenn Sie das weg von ausgetretenen Pfaden führt, und genau das macht den ganzen Unterschied aus.*

Abbildung 3.2: Steve Jobs bei seiner Antrittsrede an der Stanford University am 12. Juni 2005.

Wenn wir schon wüssten, aus welchen Eicheln mächtige Eichenbäume wachsen und welche Punkte sich zur Linie verbinden werden, dann würden wir uns nur um diese kümmern. Dass dieser Wunsch aber vergeblich ist, das ist es, worum es Steve geht.

Stattdessen müssen Sie viele Samen aussäen und darauf vertrauen, dass später etwas daraus werden wird.

Sagen wir zum Beispiel, Sie wollen Jane Goodall als Gast in Ihrem Podcast haben. Hier sehen sie, wie sich die Punkte bei mir verbunden haben:

- 1967: Die Lehrerin einer Grundschule in einem ärmeren Stadtteil von Honolulu überzeugt meine Eltern, mich auf eine Schule zu schicken, die aufs College vorbereitet.
- 1972: Ich schreibe mich in Stanford ein, wo ich meinen Freund Mike Boich kennenlerne.
- 1978: Ich beginne meine Arbeit in der Schmuckbranche und lerne, wie man verkauft.
- 1983: Mike verschafft mir eine Stelle bei Apple, als zweiter Unternehmenssprecher für die Macintosh-Software.
- 2018: Ronit Widman-Levy, leitende Produzentin von TEDx Palo Alto, lädt mich ein, Jane Goodall zu interviewen.
- 2020: Jane Goodall nimmt die Einladung an, an meinem Podcast teilzunehmen.

Abbildung 3.3: Auf der Bühne bei TEDx Palo Alto mit Jane Goodall – einer der Höhepunkte meiner Karriere. *(Quelle: Nataliya Arditi)*

Ich kannte Ronit gar nicht. Und sie wusste »von mir« nur wegen meiner Arbeit bei Apple. Und so führten alle Punkte, die sich zu einer Karriere bei Apple verbunden hatten, auch dazu, dass ich Jane Goodall als Gast in meinem Podcast bekam. Ich hoffe, Sie denken nicht, dass irgendetwas davon geplant war.

Im Silicon Valley werfen wir mit Ideen gegen die Wand, schauen, welche hängen bleibt, malen dann das Zentrum der Zielschreibe um diese Idee und erklären sie zum Sieger. Allenfalls stellen wir intelligente Vermutungen an und hoffen auf das Beste. Das optimale Vorgehen besteht darin, möglichst viele Samen auszusäen, denn je mehr Samen Sie aussäen, desto mehr Eichenbäume werden auch wachsen.

Sich eine Ausbildung verschaffen

→ Sie möchten wissen, ob eine formale Ausbildung erforderlich ist, um Erfolg zu haben.
→ Sie fragen sich, ob Lernen auch wichtige Fertigkeiten vermitteln kann, die über bloße Fakten hinausgehen.
→ Sie möchten wissen, wie Sie sich bilden können, wenn eine formale Ausbildung für Sie nicht möglich ist.

Es gibt nur wenige bessere Möglichkeiten, um Samenkörner auszusäen, als sich eine formale Ausbildung zu verschaffen – ganz gleich in welchem Fach übrigens, denn Bildung kann zu sehr vielem Guten beitragen:

- Kennenlernen: Bildung eröffnet neue Welten; Welten, die Sie ohne diese Ausbildung womöglich nie kennengelernt hätten. Viele meiner Podcast-Gäste haben erwähnt, wie ihnen ihre frühe Ausbildung die Augen für neue Gebiete geöffnet hat.
- Kritisches Denken: Schulen vermitteln nicht nur Fakten. Sie helfen Ihnen auch zu lernen, wie Sie richtig denken, urteilen und entscheiden. Um Fakten zu ermitteln, können Sie immer auf Technik zurückgreifen. Kritisch zu denken ist schwieriger.

- Soziale Fertigkeiten: Schulen zwingen Sie, mit Lehrern und anderen Schülern zu interagieren. Wenn Sie etwas bewegen wollen, ist das selten ein Solo-Akt.
- Technische und manuelle Fertigkeiten: Ich definiere Bildung hier sehr umfassend – vom Computerprogrammieren übers Autoreparieren und Schreinern bis hin zum Kochen. Es ist viel Wissen nötig, um unsere Welt in Bewegung zu halten.
- Beziehungen: Auch wenn Sie nicht das neue Apple gründen sollten – Ihre Lernkameradinnen und -kameraden werden in Ihrem Leben wahrscheinlich viele Samenkörner aussäen. Ich zum Beispiel habe, wie erwähnt, meinen Job bei Apple durch einen Studienkollegen bekommen.
- Glaubwürdigkeit: Ob es Ihnen nun gefällt oder nicht, Glaubwürdigkeit schreiben die Menschen Bildungsabschlüssen zu. Ich sage nicht, dass diese dafür notwendig oder ausreichend wären, aber sie können hilfreich sein.

Als ich Joe Foster interviewte, einen der Gründer von Reebok, erfuhr ich, dass er und sein Bruder aufs College gegangen waren, um etwas über die Schuhbranche zu lernen, obwohl sie selbst Schuhmacher in dritter Generation waren. Den »außerbilanziellen« Gewinn, den er dadurch erzielte, lasse ich ihn hier selbst erläutern:

> *Wie man Football-Schuhe macht, Rugby-Schuhe, Fußball-Schuhe und was auch immer, das wussten wir natürlich, da wir ja im Familienbetrieb mitarbeiteten.*
>
> *Aber wir haben da viele Freunde kennengelernt, die Antworten auf viele Fragen wussten. Wo kriegen wir so eine Maschine her? Wo kriegen wir dieses Material her? Wie macht man das? Was gibt es noch für andere Techniken?*

Leider lässt sich eine formale Ausbildung nicht immer realisieren. Was wegen all der oben beschriebenen Vorteile sehr schade ist. Aber es gibt zumindest drei weitere Wege, auf denen sich Bildung erlangen lässt.

Erstens gibt es das Lesen. Das ist vor, während und nach einer formalen Ausbildung möglich. So hat mir zum Beispiel Stephen Wolfram, der jüngste Empfänger eines MacArthur-Stipendiums (auch »Genius Award« genannt), Folgendes erzählt:

> *Ich hatte so ein bisschen angefangen, Bücher über Physik und so zu lesen, und da habe ich die erstaunliche Tatsache entdeckt, dass man einfach in die Bibliothek gehen kann und die ganzen Bücher dort findet, und habe angefangen, Sachen zu lernen.*

Und Elizabeth Gruner, Englisch-Professorin an der University of Virginia, findet, Lesen sei Magie:

> *Lesen ist eine Form von Alchemie, weil es uns verwandelt … Es kann uns an Orte bringen, wo wir noch nie zuvor waren. Es kann uns Erfahrungen vermitteln, die wir anders nicht erlangen würden, und diese Erfahrungen werden dann zu einem Teil von uns.*

Zweitens gibt es Online-Unterricht in Form von Kursen, Unterrichtsstunden und Videos. Jeder, der Zugang zum Internet hat, kann sich mit etwas Mühe Bildung verschaffen. Genau wie beim Lesen fehlen dem Online-Lernen zwar etliche soziale Aspekte, aber es ist immer noch besser als Unwissenheit.

Und drittens gibt es Berufsausbildungen, Praktika und Weiterbildungsprogramme. Manch einer mag das nicht als formale Ausbildung gelten lassen, aber das ist dessen persönliches semantisches Problem. Wenn Sie etwas lernen, dann ist das Bildung.

Eine formale Ausbildung ist weder die Vorbedingung noch der Schlussstein des Lernens. Ganz gleich, wie sie erlangt wurde, Bildung lässt in Ihrem Leben die ausgesäten Samenkörner wachsen. Bemerkenswerte Menschen verschaffen sich eine Ausbildung und hören anschließend nie mit dem Lernen auf.

»Interessen« nachgehen, nicht »Leidenschaften«

- → Sie möchten wissen, ob Sie ins Hintertreffen geraten sind, weil Sie Ihre »Leidenschaft« noch nicht gefunden haben.
- → Sie fragen sich, ob eine Leidenschaft »Liebe auf den ersten Blick« ist oder das Ergebnis langfristigen Bemühens.
- → Sie möchten erfahren, wie Sie feststellen können, ob etwas Ihre Berufung ist.

Jedes Mal, wenn ich höre, wie ein Meinungsführer, Guru oder Experte den Leuten rät, sie sollten ihre Leidenschaft entdecken, dann kommt mir ein wenig die Galle hoch, denn die Leute werden so auf den Weg zu Misserfolg und Enttäuschung geschickt.

Leidenschaft ist ein viel zu großes Wort, machen Sie lieber halblang. Die Leute reden von »Leidenschaft«, als wäre es ganz leicht, die Berufung seines Lebens zu finden. Sie meinen, idealerweise sollte man seine Berufung gefunden haben, bevor man 17 ist, jedenfalls am besten, bevor man sich an der Uni bewirbt, damit man auch etwas hat, was man in seine Bewerbung schreiben kann, auf jeden Fall aber, bevor man 20 ist.

In Wirklichkeit kann es Jahre dauern, bis man seine Leidenschaft gefunden hat – und genau genommen ist »finden« hier auch das falsche Wort, denn das legt ja nahe, dass nach dem Finden der ganze Vorgang vorbei wäre. In Wirklichkeit *entwickelt* man seine Leidenschaften – Liebe auf den ersten Blick ist es nur ganz selten.

Leidenschaften beginnen vielmehr als »Interessen«, die sich wieder mit Eicheln vergleichen lassen. Oder um noch ein weiteres Bild aus der Natur heranzuziehen: Ein Schmetterling ist erst eine Raupe, bevor er zum Schmetterling wird. Sie können nicht im Voraus wissen, was Wurzeln schlagen wird, daher sollten Sie Dingen nachgehen, die Sie einfach nur »interessieren«. Einige davon können sich im Laufe Ihres Lebens dann durchaus zu ausgewachsenen Leidenschaften entwickeln, aber nur weil Sie zu Beginn viele Eicheln ausgesät und manche davon Wurzeln geschlagen haben.

Zufallskontakte knüpfen

- → Sie möchten erfahren, wie Sie im täglichen Leben, sogar in Alltagssituationen, zum besseren Networker werden.
- → Sie überlegen, wie Sie entscheiden sollen, in welche Beziehungen es sich lohnt zu investieren.
- → Sie suchen nach Beispielen, wie es sich auszahlen kann, wenn Sie mit Zufallsbekanntschaften Networking betreiben.

Einer der Vorteile, wenn Sie eine Ausbildung machen, Interessen nachgehen, Sport treiben oder für ein Unternehmen mit guten Produkten arbeiten, besteht darin, dass Sie Leute kennenlernen. Es ist das Gesetz der großen Zahl: Je mehr Leute Sie kennen, desto wahrscheinlicher ist es, dass Sie fruchtbare Beziehungen entwickeln und Kontakte knüpfen.

Hier drei Beispiele aus meinem eigenen Leben (und meinen Podcasts):

- Die Freundschaft mit Neil Pearlberg, der den Podcast *Off the Lip* betreibt, entstand, weil wir beide an derselben Stelle in Santa Cruz surfen. Durch Neil konnte ich Leon Panetta (ehemaliger Verteidigungsminister), Chris Bertish (Gewinner des Mavericks Surf Contest 2010) und Dave Ebert (Haiexperte, Autor und Fernsehpersönlichkeit) zu meinen Podcasts einladen.
- Eine Zufallsbegegnung im Apple Store in Santa Barbara (Kalifornien) führte zu einem ganz tollen Kontakt. Als ich an der Genius Bar stand, um das iPhone meines Sohnes reparieren zu lassen, traf ich Shaun Tomson, Surf-Weltmeister der 1970er-Jahre. Der Apple-»Genius« musste mir erst erklären, wen ich da vor mir hatte!
- Ich konnte Brandi Chastain, die als Fußballerin an Olympischen Spielen und Weltmeisterschaften teilgenommen hat, für ein Interview buchen. Der Kontakt kam zustande, weil Brandi mit John Conway befreundet ist, einem Scheidungsanwalt im Silicon Valley, der schon mehr Vermögen halbiert hat als jeder

andere, den ich kenne. Und John wiederum hatte ich auch wieder beim Surfen in Santa Cruz kennengelernt.

Von diesen Informationen ausgehend, könnten Sie nun zu dem Schluss gelangen, dass Surfen das Mittel der Wahl wäre, um Zufallskontakte zu knüpfen, und da würde es mir sogar schwerfallen zu widersprechen. Aber auch wenn Sie kein Surfer sind, gibt es ein paar wertvolle Grundprinzipien:

- Lächeln: Mit einem Miesepeter will keiner zu tun haben, geschweige denn Kontakte knüpfen. Und zu einem richtig guten Lächeln gehört auch mehr als nur der Mund. Es ist der Musculus orbicularis oculi, der auch die Augen mit einbezieht und den Unterschied macht. Wenn Sie nach dem Begriff »Duchenne-Lächeln« suchen, erfahren Sie mehr.
- Neugierig sein: Fragen Sie die Leute, was sie machen, wo sie arbeiten, wo sie herkommen. Der Punkt ist, dass solche offenen Fragen eine ausführliche Antwort erfordern, nicht nur mit Ja oder Nein beantwortet werden können, und dadurch ein Gespräch in Gang bringen.
- Auch die anderen zu Wort kommen lassen: Ein gutes Gespräch ist ein Duett, kein Monolog. Es mag unlogisch klingen, aber die besten Gesprächspartner hören mehr zu, als sie reden. (Mehr zum Thema, wie man am besten die Klappe hält, weiter unten in diesem Buch, falls Sie auf diesem Gebiet weitere Hilfe brauchen.)
- Positiv sein: Ein Lächeln ist schon mal die Auffahrt auf die Autobahn, aber mit Positivität kommen Sie auf die Überholspur, wenn Sie Zufallskontakte knüpfen wollen. Keiner braucht Leute, die einen noch weiter herunterziehen im Leben. Positive Menschen dagegen, die einen aufbauen, die möchte jeder gern kennenlernen.

Auch wenn Surfen seinen Charme hat, ist der Aufbau fruchtbarer Beziehungen also nicht an den Ozean gebunden. Sondern Kontakte lassen sich mithilfe jedweder gemeinsamen Interessen – von Akrobatik bis Zauberei – knüpfen, die einen in Kontakt mit Menschen bringen.

Zeigen Sie ein echtes Duchenne-Lächeln, bringen Sie das Gespräch durch Neugier in Gang, lassen Sie die anderen zu Wort kommen und sorgen Sie für eine positive Atmosphäre. So fahren Sie auf der Überholspur, wenn Sie Zufallskontakte knüpfen wollen; ein Surfbrett ist dafür nicht erforderlich.

Nicht wählerisch sein

- → Sie fragen sich, ob Sie lieber Ihren Stolz überwinden oder aber wählerisch sein sollen, wenn sich Ihnen eine Gelegenheit bietet.
- → Sie möchten wissen, ob man bescheidene erste Stellen dazu nutzen kann, um Größeres zu erreichen.
- → Sie möchten erfahren, wie Sie einen Verlegenheitsjob würdigen und die dort erworbenen Fertigkeiten nutzen können, um voranzukommen.

So etwas wie Verlegenheitsjobs gibt es eigentlich gar nicht, wenn Sie ein dynamisches Selbstbild haben! Hören Sie sich zum Beispiel an, wie Derek Sivers, Musiker, Zirkusansager, Unternehmer, Programmierer, Autor und TED-Redner, den Beginn seiner Karriere beschreibt:

> *Ich war 17 Jahre alt, und mein Freund hatte einen Agenten. Sein Agent rief ihn an und sagte: »Hey, es gibt da eine Schweineausstellung, die zahlen dir 75 Dollar, wenn du da rumläufst und ein bisschen Musik machst. Ist das was für dich?«*
>
> *… Es war mir egal, dass ich damit sage und schreibe 20 Dollar verdienen würde, denn das war mein allererster bezahlter Auftritt. Ich bekam keinerlei richtige Instruktionen. Es hieß nur: Steig in diesen Bus und fahr da und da hin.*
>
> *… Ich lief dann einfach mit der Gitarre um den Hals über diese Schweineausstellung und spielte ein bisschen Gitarre. Danach stieg ich wieder in den Bus nach Boston, und dann rief der*

Agent an und sagte: »Greg Merrill hier. Ich hab gehört, du hast das richtig gut gemacht auf der Schweineausstellung … Ich hätte gern, dass du bei der Eröffnung der Kunstgalerie spielst. Wenn du das bei dieser Kunsteröffnung gut hinkriegst, hast du einen Job im Zirkus.«

Und so hab ich dann meinen Job im Zirkus gekriegt, mit letztlich mehr als 1000 Auftritten. Zum Schluss bekam ich 300 Dollar pro Auftritt, und das bei über 1000 Zirkusshows im Nordosten der USA. Das war eine wahnsinnige Bühnenerfahrung …

Und das alles, diese ganze gewaltige Erfahrung einfach nur, weil ich damals Ja zum 75-Dollar-Auftritt bei dieser Schweineausstellung gesagt hatte … Ich hab einfach immer zu allem Ja gesagt, was eine ganz wunderbare Strategie für den Beginn der Karriere ist.

Abbildung 3.4: Derek Sivers in einer früheren Rolle vor seiner Tech- und Unternehmer-Karriere: Er war Zirkusansager. *(Quelle: Tarleton Reynolds)*

Oft sind Menschen zu stolz und zu wählerisch, um Gelegenheiten zu ergreifen, die sich ihnen bieten. Der Traum des Überfliegers, nach dem Abschluss an einer Elite-Universität direkt auf die Überholspur in Richtung »Unendlich und weiter« bei McKinsey oder Goldman Sachs zu wechseln, um Ruhm und Reichtum entgegenzusteuern, ist einfach unrealistisch - und bemerkenswert ist er auch nicht, selbst wenn er verwirklicht würde.

Keiner meiner Podcast-Gäste hat einen solchen Weg eingeschlagen. Die Mehrzahl von ihnen hat auf einer Einsteigerposition angefangen und sich über die Jahre hochgearbeitet. Es spielt keine Rolle, wo Sie anfangen oder wer Ihnen hilft. Was zählt ist letztlich nur das Ziel.

Nicht in ein Schema pressen lassen

- → Sie fragen sich, ob Sie sich auf ein Interessengebiet konzentrieren oder auf mehrere Interessen diversifizieren sollten.
- → Sie sind neugierig, wie sich die Fertigkeiten aus einem Interessengebiet auf andere Interessengebiete übertragen und dort ausbauen lassen.
- → Sie möchten vermeiden, dass Sie durch äußeren Druck in vorgezeichnete Bahnen gedrängt werden.

Zwei bemerkenswerte Sportlerinnen, Brandi Chastain und Kerri Walsh Jennings, haben mir gesagt, dass sich Kinder vor ihrem Schulabschluss nicht auf eine Sportart spezialisieren sollten.

Brandi ist eine bemerkenswerte Fußballspielerin, die bei den Olympischen Spielen 1996 und 2004 eine Goldmedaille gewann und 1991 und 1999 Mitglied des Weltmeister-Teams war.

Die Volleyballspielerin Kerri Walsh Jennings hat fünfmal an den Olympischen Spielen teilgenommen und dreimal die Goldmedaille gewonnen. Sie hält sowohl den nationalen als auch den internationalen Rekord für Turniersiege.

Verschiedene Sportarten auszuüben kann übergreifende Fähigkeiten fördern. Kerri zum Beispiel würde sich wünschen, sie hätte Fußball gespielt, um ihre Beinarbeit zu verbessern. Derselbe Ratschlag gilt auch für andere Aktivitäten, Interessen und Fächer. Bespielen Sie die gesamte Bandbreite und lassen Sie sich nicht zu früh als Fußballerin, Volleyballspielerin, Sekretärin oder als Musiker für Schweineausstellungen abstempeln.

Abbildung 3.5: Kerri Walsh Jennings (rechts) und Misty May-Treanor bei der Medaillenverleihung der Olympischen Spiele 2012 in London. Sie waren das Goldmedaillenteam im Beachvolleyball der Frauen. *(Quelle: Cameron Spencer/ Getty Images)*

Um einen besonders üblen Versuch, Menschen in ein Schema zu pressen, handelt es sich beim »Ableismus«. Dieser Ausdruck bezeichnet den Ausschluss und die Diskriminierung von Menschen wegen einer vermeintlichen Beeinträchtigung. So könnte man beispielsweise meinen, ein tauber und blinder Mensch könnte nicht als Anwalt arbeiten.

Da kennen Sie aber Haben Girma nicht. Sie ist eine taube und blinde Absolventin der Harvard Law School, die als Anwältin für die Rechte Behinderter arbeitet – etwas freundlicher formuliert könnte man sie also als »alternativ begabt« bezeichnen. Hier beschreibt sie, wie man Ableismus überwinden kann:

> *Ableismus ist die verbreitete Praxis, behinderte Menschen als nicht behinderten unterlegen einzustufen. Meine Behinderung zum Beispiel hält mich nicht davon ab, den Anwaltsberuf auszuüben. Im Rechtswesen geht es zu einem großen Teil um Lesen. Ich kann Braille lesen. Braille zu lesen ermöglicht mir den Zugang.*
>
> *… Ich musste nicht meine Behinderung überwinden. Ich bin weiter behindert. Ich bin immer noch taub-blind. Die größte Barriere war für mich der Ableismus.*

Erinnern Sie sich noch, wie Beethoven mich inspiriert hat? Auch Haben ist eine Heldin: Wenn sie als blinder und tauber Mensch einen Abschluss an der Harvard Law School machen und als Anwältin arbeiten kann, dann kann ich als tauber Mensch auch Podcasts machen. Die Lehre daraus lautet: Lassen Sie sich nicht von anderen Menschen – und auch nicht von Ihnen selbst – definieren.

Im Verkauf anfangen

- → Sie fragen sich, ob eine Tätigkeit im Verkauf ein gutes Training für Ihre Karriere ist.
- → Sie möchten erfahren, wie Sie sich selbst und Ihr Potenzial am besten verkaufen.
- → Sie sind neugierig, ob es die Entwicklung Ihrer Fertigkeiten fördert, wenn Sie eine Position anstreben, die Ihnen Angst macht.

Nachdem ich meinen MBA an der University of California in Los Angeles gemacht hatte, arbeitete ich zunächst im Verkauf und

Marketing bei einem Schmuckhersteller. Das Unternehmen verkaufte seine Produkte an Juweliere, und diese Funktion war ein Kampf Mann gegen Mann – in einer Zeit, ehe es im Verkauf darum ging, Button-Platzierung und farbigen Text auf Websites zu testen.

Nur wenige Funktionen zwingen Sie so sehr wie der Verkauf, Ihren Wohlfühlbereich zu verlassen und sich mit Menschen auseinanderzusetzen, die Sie nicht kennen. Folgendes werden Sie dabei lernen:

- Geduld: Es dauert lange, bis Sie einen Fuß in die Tür bekommen, einen Auftrag erhalten, bezahlt werden. Wenige Käufer richten sich nach Ihrem idealen Zeitplan.
- Hartnäckigkeit: Vielleicht das Wertvollste, was Sie bei einem Start im Verkauf lernen, ist mit ständiger Ablehnung fertigzuwerden. So etwas wie einen leichten Verkauf gibt es nicht, das heißt, Sie müssen es immer weiter versuchen.
- Überzeugungskraft: Nachdem Sie Ihren Fuß in die Tür bekommen haben, müssen Sie die Leute auch noch dazu bringen, das zu kaufen, was Sie zu verkaufen haben, und dafür braucht es Überzeugungskraft.

Verkaufen werden Sie Ihr ganzes Leben lang, oder zumindest einen erheblichen Teil Ihres Lebens, daher sollten Sie versuchen, Geschick im Verkauf zu erwerben. Verkaufen ist es, sich um einen Job zu bewerben, sich um einen Termin zu bemühen, eine Beförderung zu erlangen, Geld aufzutreiben, ein Treffen zu vereinbaren – alles wertvolle Fähigkeiten im echten Leben.

Sich unentbehrlich machen

→ Sie möchten erfahren, wie Sie aus einem Praktikum das Optimum herausholen können, indem Sie den Fokus auf Ihre persönliche Weiterentwicklung richten.

- → Sie suchen Unterstützung bei dem Vorhaben, sich Ziele für Ihre Praktikumszeit zu setzen.
- → Sie fragen sich, wie Sie Ihre Karriere mit großem Effekt starten können.

Andrew Zimmern, Fernsehstar und Meister der Menüs, Mahlzeiten und Meringen, hat mir einen tollen Tipp verraten, wie man vom Saatgut zum Setzling wird. Er hatte diesen Rat selbst von seinem Mentor und spirituellen Guru bekommen, nachdem er ein unbezahltes Praktikum bei einem Fernsehsender in Minnesota ergattert hatte:

Mach dich unentbehrlich!

Kommen Sie, Andrew, Sie sind der heutige Gewinner unseres Wettbewerbs *Bemerkenswerte Menschen* in der Kategorie »Bemerkenswertester Karrieretipp«! Wenn Sie drei verschiedene Stellen als unbezahlter Praktikant hatten und von allen dreien ein Jobangebot erhalten haben, dann müssen Sie etwas richtiggemacht haben.

Abbildung 3.6: Andrew Zimmern mit »Lucky Chopsticks« beim South Beach Wine and Food Festival in Miami (Florida), 2016. *(Quelle: Aaron Davison/Getty Images)*

Und so werden Sie für Ihr Unternehmen und Ihre Chefin oder Ihren Chef zum unentbehrlichen Aktivposten:

- Bereit sein: Unentbehrliche Personen sind bereit und machen die Arbeit. Entbehrliche nicht. So einfach ist das. Ob das Ganze im echten Leben oder online stattfindet, spielt keine Rolle.
- Tun, was sonst keiner tun will: Zu tun, was getan werden muss, ganz gleich wie unattraktiv der Job ist, ist eine sehr gute Methode, um zu zeigen, wie wertvoll man ist, und um sich von der großen Masse abzuheben.
- Fertigkeiten ausbauen: Je mehr Fertigkeiten Sie besitzen, desto mehr können Sie auch machen. Und je mehr Sie machen können, desto wertvoller sind Sie.
- Eine eigene Nische besetzen: Auch die Fähigkeit, etwas zu tun, was nur wenige können, ist wertvoll. Stellen Sie sich zum Beispiel vor, Sie sind in einem Fernsehstudio die einzige Person, die Videos bearbeiten kann.
- Hohe Standards setzen: Zeigen Sie bei allen Ihren Unternehmungen vollen Einsatz. Nur zu etwas in der Lage und »ausreichend gut« zu sein, genügt nicht, wenn Sie bemerkenswert sein wollen.
- Ihre Chefin oder Chef gut aussehen lassen: Wenn Ihre Chefin oder Ihr Chef gut dasteht, stehen auch Sie gut da. Wenn es für Ihre Chefin oder Chef gut läuft, läuft es auch für Sie gut. Ihre beruflichen Schicksale sind miteinander verknüpft. Die Chefin oder den Chef schlecht dastehen zu lassen, ist nie hilfreich.

Ich kann mir sehr gut vorstellen, wie Andrew morgens immer früh zur Stelle war; den unbeliebten Job übernommen hat, den Set zu reinigen; gelernt hat, wie das mit dem Make-up, Ton, Beleuchten und Gästebuchen geht; und eine Nische besetzt hat wie zum Beispiel das Programmieren des Teleprompters – alles auf höchstem Niveau, wodurch auch sein Chef gut dastand.

Diese Leitlinie kann Ihnen sowohl im Privatleben als auch im Berufsleben von Nutzen sein und vielleicht sogar noch im Leben nach dem Tode (ich glaube an Karma). Menschen, die für andere unentbehrlich sind, sind fast immer bemerkenswert.

Samenkörner sortieren

- → Sie möchten herausfinden, wem Sie glauben sollen.
- → Sie möchten erfahren, wann Sie zuhören und wann Sie reden sollten.
- → Sie möchten Erkenntnisse darüber, ob eine Hochschulausbildung notwendig ist.

Erinnern Sie sich, wie ich die toten Eicheln aussortieren musste, indem ich schaute, welche sanken und welche schwammen? Ganz ähnlich müssen Sie auch all die Daten und Informationen bewerten, die Ihnen begegnen.

Dieser Vorgang wird kritische Beurteilung genannt. Es handelt sich um die Fähigkeit, kluge Urteile zu fällen – den Unterschied zu erkennen zwischen wahr und unwahr, gut und schlecht, wichtig und unwichtig.

Und so gehen Sie vor, um die Daten und Informationen, die auf Sie einströmen, einer kritischen Beurteilung zu unterziehen:

- Sich selbst einschätzen: Wie viel wissen Sie über das Thema? Sind Sie bereits für eine bestimmte Richtung voreingenommen? Je weniger Sie wissen und je stärker Sie voreingenommen sind, desto mehr sollten Sie den Mund halten und zuhören.
- Begleitend lesen: Mein Kumpel Sam Wineburg, emeritierter Pädagogik-Professor der Uni Stanford, hat mir beigebracht, dass ich nicht nur die Website eines Unternehmens oder einer Organisation lesen soll. Sondern Sie müssen neben der Website begleitend auch noch mehrere andere Quellen lesen, zum Beispiel Wikipedia oder Google News.
- Quellen bewerten: Auf welcher Grundlage beruhen das Wissen und die Meinungen dieser Quelle? Beruhen sie auf einer

akademischen Ausbildung, Erfahrungen aus dem wirklichen Leben oder Wunschdenken? Hat die Quelle eine gute Erfolgsbilanz?

- Konsens prüfen: Besteht zwischen mehreren fachlich qualifizierten Quellen Einigkeit über ein Thema? Sie dürfen zwar trotzdem eine andere Ansicht haben, aber es ist immer gut zu wissen, ob es eine herrschende Meinung gibt. Wie meine Mutter mir immer gesagt hat: »Wenn dir drei Leute sagen, dass du betrunken bist, dann nimm ein Taxi.«
- Transparenz bewerten: Sind die Motive der Quelle offen zu erkennen? Haben Interessenkonflikte oder heimliche Motive Einfluss auf die Quelle? Werden Daten, Methoden und Überlegungen erläutert, oder wird ein Vertrauensvorschuss eingefordert?
- Auf die Reihenfolge achten: 1. Trat die Wirkung auch wirklich erst *nach* der angeblichen Ursache auf? 2. Gibt es für den Fall, dass diese Reihenfolge zutrifft, auch eine plausible Beziehung zwischen Ursache und Wirkung? So stimmt es zwar, dass Steve Jobs kein abgeschlossenes Studium hat, aber das ist nicht die Ursache, die ihn bemerkenswert gemacht hat.

Ein kritisches Urteilsvermögen hilft Ihnen bei der Entscheidung, wann sie zuhören, wann Sie ignorieren und wann Sie herausfordern sollten. Mit dieser Fähigkeit wird Ihr Wachstumsprozess noch effektvoller. Und hier noch ein weiterer, ultra-effektvoller Tipp: Stellen Sie sich vor, Sie werden selbst kritisch beurteilt, statt der oder die Beurteilende zu sein: Wie würden Sie dann wohl abschneiden?

Die Frage »Was fehlt?« stellen

Hier eine weitere ganz einfache, aber sehr effektvolle (und selten genutzte) Technik fürs kritische Beurteilen: Stellen Sie die Frage »Was fehlt?«. Ich habe diese Technik von Dan Simons gelernt.

Er ist Psychologie-Professor an der University of Illinois und hat das Video mit dem »unsichtbaren Gorilla« gedreht.

Abbildung 3.7: Eine Szene aus dem Experiment mit dem »unsichtbaren Gorilla«. 50 Prozent der Personen, die dieses Video sahen, bemerkten den Gorilla nicht, der neun Sekunden lang zu sehen war. *(Quelle: Daniel Simons et al., 1999 / SAGE PUBLICATIONS, INC.)*

Dan hat mir davon erzählt, wie viel Freude manche Autoren und Experten daran haben, die Geschichte zu erzählen, wie Steve Jobs (Reed College, 1972), Bill Gates (Harvard University, 1975) und Mark Zuckerberg (Harvard University, 2004) ihr Studium abgebrochen haben und trotzdem Erfolg hatten.

Das Ganze steht in der altehrwürdigen Tradition, erfolgreiche Menschen oder Unternehmen zu studieren und nach Gemeinsamkeiten zu suchen, die dann als Ursache für ihren Erfolg bezeichnet werden. In diesem Fall wird gefolgert, dass Studienabbrecher gute Unternehmer würden und eine Hochschulausbildung nicht erforderlich wäre, um erfolgreich zu sein.

Im Kontrast dazu fand Dans Mitautor Chris Chabris 2015 allerdings heraus, dass sämtliche CEOs der 253 »Unicorns« (also der privaten Unternehmen, die einen Wert von mindestens 1 Milliarde Dollar hatten) einen College-Abschluss hatten. Und hier handelt es sich wie gesagt nur um eine Momentaufnahme aus dem Jahr 2015, während die als Rosinen herausgepickten Beispiele von Jobs, Gates und Zuckerberg einen Zeitraum von mehreren Jahrzehnten umfassen.

Wenn Sie lediglich die Handvoll höchst erfolgreicher Unternehmer ohne College-Abschluss betrachten, dann ist das, was bei dieser Betrachtung fehlt, die Tatsache, dass es weit mehr erfolgreiche Unternehmer gibt, die sehr wohl einen College-Abschluss haben. Vielleicht ist es ja doch eine ganz gute Idee, einen Hochschulabschluss zu machen …

Lernen Sie, in Form einer Zwei-mal-zwei-Matrix zu denken, wenn Sie das Gesamtbild erfassen wollen. Schauen Sie sich in dieser Tabelle an, dass wir sogar mit den Informationen, die Chabris geliefert hat, immer noch nicht sämtliche Informationen besitzen:

	Nicht erfolgreich	**Erfolgreich**
Ohne College-Abschluss	*Unbekannt (!)*	Jobs, Gates, Zuckerberg
Mit College-Abschluss	*Unbekannt (!)*	Unicorn-CEOs

Wenn Ihnen Fakten präsentiert werden, sollten Sie immer die Frage »Was fehlt?« stellen. Wenn Sie die Beispiele mit den Studienabbrechern, die zu Milliardären geworden sind, ignorieren, werden Sie feststellen, dass die meisten erfolgreichen Tech-CEOs sehr wohl einen Abschluss haben. Was Sie hier vor allem mitnehmen sollten, ist die Technik, immer zu überlegen, welche übersehenen Fakten der Story widersprechen könnten, die da erzählt wird.

Weiterführende Literatur

Girma, Haben. *Haben: The Deafblind Woman Who Conquered Harvard Law.*

Goodall, Jane. *Reason for Hope: A Spiritual Journey.*

Isaacson, Walter. *Steve Jobs* (das muss ein gutes Buch sein – es braucht nicht mal einen Untertitel).

Simons, Daniel. *Nobody's Fool: Why We Get Taken in and What We Can Do About It.*

Simons, Daniel, und Chabris, Christopher. *The Invisible Gorilla: And Other Ways Our Intuitions Deceive Us.*

Wineburg, Sam. *How to Think Straight, Get Duped Less, and Make Better Decisions About What to Believe Online.*

Wineburg, Sam. *Why Learn History (When It's Already on Your Phone).*

Zimmern, Andrew. *The Bizarre Truth: How I Walked out the Door Mouth First … and Came Back Shaking My Head.*

Phase 2
GRIT – BEHARRLICH BLEIBEN UND EIGENE AMBITIONEN AKTIVIEREN

4 Gute Sachen machen

»Problem plus Hoffnung gleich Veränderung.«
Olivia Julianna

Sich eine beharrliche Mentalität zu eigen machen

- → Sie möchten verstehen, was *Grit* oder Beharrlichkeit bedeutet.
- → Sie fragen sich, ob Beharrlichkeit erforderlich ist, um Erfolg zu haben.
- → Sie möchten erfahren, wie Sie sich eine beharrliche Mentalität zulegen können.

Dieses Kapitel heißt »Gute Sachen machen«, weil sich besser nicht ausdrücken lässt, was Ihr Ziel sein sollte. Die »gute Sache« kann eine Ware sein, eine Dienstleistung, ein Team, ein Unterrichtsraum, eine Gruppe, Kunst, Sport oder ein Leben – das liegt bei Ihnen.

Aber es handelt sich dabei um die Sache, auf die wir uns jetzt die ganze Zeit vorbereitet haben. Um gute Sachen zu machen, braucht es Widerstandsfähigkeit, Ausdauer und Geduld – anders ausgedrückt: Beharrlichkeit oder, auf Englisch, *Grit*. Angela Duckworth ist Professorin an der University of Pennsylvania, MacArthur-Stipendiatin und glühende Apologetin in Sachen *Grit*. Sie hat auch das Buch zum Thema geschrieben: *Grit: The Power of Passion and Perseverance*.

Fangen wir also damit an, wie sie *Grit* definiert:

> *Grit richtet sich auf eine Sache, die manche Forscher als das »ultimative Anliegen« bezeichnen – ein Ziel, an dem einer Person so viel liegt, dass es fast alles bestimmt, was sie macht, und das den Dingen ihre Bedeutung verleiht. Und Grit oder Beharrlichkeit heißt, dass sie an diesem Ziel unerschütterlich festhält.*

> *Selbst wenn sie scheitert. Selbst wenn sie es verbockt. Selbst wenn die Fortschritte in Richtung auf das Ziel zum Stillstand kommen oder langsamer werden.*

Sie wachen aber nicht etwa eines Morgens auf und beschließen, Sie werden ab jetzt beharrlich sein. Es geht hier vielmehr um eine Mentalität, die zu einer Veränderung des gesamten Verhaltens führt. Das Ganze beginnt mit dem Interesse an einer bestimmten Sache. Sie beschließen, diesem Interesse nachzugehen und mehr darüber in Erfahrung zu bringen.

Auch nachdem sich die erste Begeisterung gelegt hat, setzen Sie Ihre Arbeit fort. Sie suchen nach Anleitung und Unterstützung. Sie finden Beispiele beharrlicher Menschen, die Sie inspirieren. Misserfolge auf dem Weg härten Sie ab. Sie erkennen, dass Erfolg oder Misserfolg nicht durch ein angeborenes »Talent« oder einen Mangel daran bestimmt wird. Selbst wenn Sie auf ein anderes Interessengebiet umschwenken, bleibt Ihnen Ihre beharrliche Mentalität erhalten; sie richtet sich nun auf die neuen Aktivitäten.

Sie umgeben sich mit Menschen, die eine ähnliche Entschlossenheit und Widerstandskraft aufweisen. Sie investieren Stunden um Stunden an Arbeit. Sie müssen sich gar nicht mehr zwingen, beharrlich zu sein, sondern Sie können gar nicht mehr anders. Dieses Arbeitsethos bestimmt Ihr ganzes Dasein.

Und schließlich werden Sie so gut, dass Sie auch anderen helfen wollen, die das gleiche Interesse teilen. Was als ein Interesse begonnen hat, ist nun zur Berufung geworden (merken Sie sich das Wort *Ikigai,* das wir im nächsten Kapitel besprechen werden) und zur Möglichkeit, etwas zu bewirken.

Grit oder Beharrlichkeit ist für Menschen, die bemerkenswert sein wollen, das wichtigste Schlagwort. Es handelt sich um ein Charakteristikum, das alle bemerkenswerten Menschen gemeinsam haben. Zeigen Sie mir einen Menschen, der Beharrlichkeit aufweist, und ich zeige Ihnen einen Menschen, der bemerkenswert ist.

Selbst erschaffen, was man verwenden möchte

- → Sie möchten erfahren, wie man auf Ideen für Waren und Dienstleistungen kommt.
- → Sie möchten wissen, wie Neugier, Tüfteln und Experimentieren zu bewerten ist.
- → Sie fragen sich, ob eine Sache, die Sie eigentlich nur für sich selbst erschaffen haben, sich auch kommerziell nutzen ließe.

Ausgangspunkt für den Einsatz der Beharrlichkeit ist ein Interesse, dem man nachgeht. Dabei stellt man sich eine Veränderung bildlich vor, die man gern vornehmen würde – sei es eine Veränderung an sich selbst oder aber eine Veränderung durch eine Ware, eine Dienstleistung, ein Buch, ein Kunstwerk oder ein Anliegen. Der Rest dieses Kapitels beschreibt, wie Sie sich eine solche Veränderung bildlich vorstellen oder visualisieren können.

Beginnen wir mit einem Beispiel aus meiner eigenen Vergangenheit. Den ersten Apple-Computer hat nicht etwa Steve Jobs entworfen. Sondern es war Steve Wozniak. Woz hat für sich den Computer erschaffen, den er gern verwenden wollte, und zum Glück für Steve und die Welt war Woz nicht der Einzige, der gern einen persönlichen Computer haben wollte.

Mike Moritz von Sequoia Capital, der vielleicht größte Venture-Capital-Finanzierer aller Zeiten (Google, Yahoo!, PayPal, LinkedIn, Zappos, Dropbox, WhatsApp), hat mir einmal gesagt, es sei der ergiebigste Ausgangspunkt für Tech-Start-ups, wenn Nerds etwas bauen, was sie selbst gern verwenden würden. Es ist hier also nicht der Markt, der so etwas bewirkt, es sei denn, man betrachtet diese Menschen als Ein-Personen-Markt.

Die Methode »Selbst erschaffen, was man verwenden möchte« wurde aber nicht von Tech-Nerds erfunden oder perfektioniert. Eines meiner Lieblingsbeispiele aus dem Bereich Old School und Low Tech ist Bette Nesmith Graham, die Anfang der 1950er-Jahre in den USA »Liquid Paper« erfand (vergleichbar mit dem hierzulande bekannten »Tipp-Ex«).

Bette war Sekretärin in einer Bank in Texas und suchte nach einer Möglichkeit, ihre Tippfehler zu korrigieren. Sie experimentierte mit Farben und Seife und gab schließlich Titandioxid zu ihrer Rezeptur hinzu. Diese Mischung überdeckte Tippfehler vollständig, und bald fragten auch andere Sekretärinnen sie nach ihrer Korrekturflüssigkeit.

Wir hören natürlich mehr von Ideen, die Erfolg hatten, und weniger von Ideen, die gescheitert sind (denken Sie immer daran, die Frage »Was fehlt?« zu stellen). Aber wenn Sie etwas für sich selbst erschaffen, dann gibt es schon mal mindestens eine Person, die sich das Ganze wünscht, und schon sind Sie im Spiel. Die erste Methode, um sich eine Veränderung bildlich vorzustellen, besteht also darin, selbst herzustellen, was man gern verwenden würde.

Leid lindern

- → Sie fragen sich, ob es eine tragfähige Geschäftsstrategie ist, Leid lindern zu wollen.
- → Sie kennen Menschen, die Leid zu ertragen haben, und würden gern herausfinden, wie Sie ihnen helfen können.
- → Sie möchten die Geschichte Ihres eigenen Leids nutzen, um das Leid anderer zu verringern.

Wenn Sie Leid beseitigen können, das Menschen in ihrem Leben zu ertragen haben, ist das eine ausgezeichnete Möglichkeit, um bemerkenswert zu werden. Als migränegeplagter Mensch kann ich Ihnen versichern, dass die Beseitigung von Schmerzen ein enorm motivierendes Ziel ist und aufs Höchste geschätzt werden wird.

Hier drei Beispiele von bemerkenswerten Menschen, die das Leid einer großen Zahl von anderen Menschen gelindert haben:

Name	Firma/Organisation	Gelindertes Leid
Melanie Perkins	Canva	Kosten und Schwierigkeit von Grafikdesign
Marc Benioff	Salesforce	Software vor Ort updaten für Millionen von Menschen
Gretchen Carlson	Lift Our Voices	Sexuelle Belästigung am Arbeitsplatz

Fragen Sie sich »Wessen Leid kann ich lindern?«, um entsprechende Gelegenheiten zu entdecken. Wenn Menschen leiden, sind sie normalerweise begierig, wenn nicht gar verzweifelt auf der Suche nach Linderung. Sie könnten auf dem besten Weg sein, bemerkenswert zu werden, wenn Sie das Leid von Menschen ermitteln können und Lösungen für sie finden.

Abbildung 4.1: Gretchen Carlson beim Händedruck mit US-Präsident Joe Biden, während Vizepräsidentin Kamala Harris applaudiert, 2022. Sie feiern die Unterzeichnung von Arbeitsgesetz 4445, das »Gesetz zur Beendigung der Zwangsschlichtung von sexueller Gewalt und sexueller Belästigung von 2021«. *(Quelle: Anna Moneymaker/Getty Images)*

Vom Ende her denken

- → Sie fragen sich, ob Sie sich auf Dinge konzentrieren sollten, die Sie selbst gern tun, oder auf Dinge, welche die Kunden wollen.
- → Sie würden von Ihren Erkenntnissen ausgehend gern neue Produkte entwickeln.
- → Sie sind neugierig, was das richtige Vorgehen ist, um wertvolle Produkte zu erschaffen.

Laut Colin Bryar, dem ehemaligen Stabschef des Gründers und CEOs von Amazon, war einer der Schlüssel zu Amazons Erfolg die Praxis, neue Produkte und Leistungen so zu entwickeln, dass man ausgehend von den Wünschen der Kunden rückwärts dachte, statt vorwärts denkend davon auszugehen, was das Unternehmen selbst bisher gemacht hatte, gern machte oder gern machen würde.

Auch Netflix ist ein Beispiel für ein solches Denken vom Ende her. CEO Reed Hastings hatte erkannt, dass die Leute gern eine große Auswahl an Videos hätten, die sie sich anschauen können, ohne dafür in eine Videothek fahren zu müssen. Die erste Umstellung bestand bei Netflix darin, dass die DVDs den Kunden zugeschickt wurden. Aber Hastings muss wohl von Anfang an vorgehabt haben, das Internet zu nutzen (auch wenn zu dieser Zeit die Download-Geschwindigkeiten dafür noch gar nicht hoch genug waren), denn das »Net« war vom ersten Tag an Bestandteil des Firmennamens.

Ein weiteres Beispiel ist die Schuhfirma Vans. In den frühen Tagen ihres Bestehens kam eine Frau mit einem Stück pinkfarbenem Stoff in einen Vans-Laden, weil sie zu dem Kleid, das sie gerade nähte, die passenden Schuhe finden wollte. Da keiner der Schuhe im Laden geeignet erschien, bot Vans-Gründer Paul Van Doren ihr an, aus ihren Stoffresten Schuhe zu fertigen.

Das führte dazu, dass die Firma bald sehr viele Cheerleading- und Sport-Teams in Südkalifornien ausstattete, die ebenfalls auf der Suche nach Schuhen waren, die zu ihrem Outfit passten. Außerdem führte Van Doren die Regel ein, dass den Kunden auch einzelne Schuhe verkauft werden sollten, falls nur einer ihrer Schuhe verloren oder beschädigt wurde. (Skateboarder nutzen zum Beispiel oft einen Schuh schneller ab als den anderen.)

Die meisten Unternehmen arbeiten in der umgekehrten Richtung: »Das ist das, was wir machen, was wir gern machen, was wir gut machen. Wir müssen nur Kunden finden, die mit uns auch solche Geschäfte tätigen wollen.« Die Einstellung der inzwischen insolventen US-Videothekenkette Blockbuster war vermutlich gewesen: »Wir haben Läden, zu denen die Leute kommen, um Filme auszuleihen.« Und Schuhfabrikanten stellten eben begrenzte Modelle in großen Stückzahlen her und verkauften sie immer nur paarweise.

Wenn Sie, ausgehend von Ihren Fertigkeiten und Interessen, vorwärts denken, müssen Sie darauf hoffen, dass Sie damit auch echte Bedürfnisse bedienen können. Wenn Sie dagegen von den Bedürfnissen der Menschen ausgehen und von da aus rückwärts denken, haben Sie viel größere Sicherheit, dass diese Ihr Angebot auch annehmen werden.

Der eigenen Empörung Luft machen

- → Sie möchten wissen, ob es sich in eine konstruktive Motivation verwandeln lässt, wenn man so richtig sauer ist.
- → Sie suchen Beispiele für Organisationen, die aus dem Bestreben heraus entstanden sind, Unrecht zu beseitigen.
- → Sie möchten erfahren, wie sich Empörung als kreative Kraft nutzen lässt.

Sich einer Sache anzunehmen, die Sie richtig wütend macht, ist eine gute Möglichkeit, um Ihr Anliegen zu finden. Dazu zählt zum Beispiel das Bestreben, Unrecht zu beseitigen, selbst wenn es Sie gar nicht direkt selbst betrifft. Die Wahrscheinlichkeit ist groß, dass es auch andere Menschen gibt, die genau wie Sie empfinden, und die Ihre Arbeit schätzen und unterstützen werden.

Denken Sie zum Beispiel an Menschen, die gegen Umweltverschmutzung, den Klimawandel oder Verbrechen vorgehen. Hier noch drei weitere Beispiele für Unternehmungen, die aufgrund von Empörung aktiviert worden sind:

Organisation	Motivation
Mothers Against Drunk Driving	Milde Strafe für den Fahrer, der den Tod von Candace Lightners Tochter verschuldet hatte
Mothers Against Greg Abbott	Kinder, die durch die Politik des texanischen Gouverneurs Greg Abbott in Gefahr gebracht wurden
Black Lives Matter	Systemischer Rassismus und Gewalt gegen »Schwarze«

Die Aktion »Mothers Against Greg Abbott« (MAGA) begann am 6. August 2021, weil Nancy Thompson empört darüber war, dass die texanische Schulbehörde die Covid-Maskenpflicht aufgehoben und stattdessen nur lasche »Richtlinien« veröffentlicht hatte.

Mit zwei Permanentmarkern, einer in blau, einer in rot, fertigte sie ein Poster an und fuhr damit zum Kapitolgebäude des Bundesstaats, um gegen den Staat Texas und seine lahmen Bemühungen zur Covid-Prävention, sein Versagen bei der Stabilisierung des Stromnetzes und seine Schwächung der Rechte von Frauen und LGBTQ+ zu protestieren.

Nancy postete ein Bild von ihrem Protest bei Facebook und Twitter. Passanten machten Fotos von ihr und posteten diese Bilder ebenfalls auf ihren Social-Media-Kanälen. Eine Woche später war der Protest einer Einzelnen zur Bewegung Tausender angewachsen.

Abbildung 4.2: Nancy Thompson mit ihrem MAGA-Schild zu Beginn der Bewegung Mothers Against Greg Abbott, August 2021.

Ärger und Wut, ausgelöst durch Unfairness oder Ungerechtigkeit, können zu außergewöhnlichen Reaktionen motivieren und Menschen dazu bringen, Lösungen zu suchen. Eine solche Ereigniskette hat schon zahlreiche Menschen veranlasst, aufzustehen, um zum Wohl der Gesellschaft etwas zu verändern.

Auf die nächste Produktkurve springen

- → Sie fragen sich, ob es besser ist, einen bestehenden Markt zu nutzen oder einen neuen Markt zu gründen.
- → Sie sorgen sich, Ihre Ware oder Dienstleistung könnte irrelevant werden.

→ Sie hätten gern Erkenntnisse darüber, wie schrittweise Verbesserungen im Vergleich zu Innovationssprüngen zu beurteilen sind.

Auf die nächste Produktkurve zu springen oder diese nächste Kurve sogar selbst zu erschaffen bedeutet, dass Sie die Zukunft gestalten, statt nur zu reagieren. Ein klassisches Beispiel ist das Eisgeschäft: Es entwickelte sich von der *Eisgewinnung* auf zugefrorenen Seen über *Eisfabriken*, die Wasser überall und zu jeder Jahreszeit zum Gefrieren bringen konnten, bis hin zu *Gefrierschränken*, die sozusagen persönliche Eisfabriken für zu Hause sind.

Apple hat mit solchen Sprüngen von Kurve zu Kurve den Computer transformiert. Das ging vom zeichenbasierten Computer (Apple I und II) über den Computer mit grafischer Benutzeroberfläche (Macintosh und Lisa) bis hin zum tragbaren Musikabspielgerät (iPod), tragbaren Tablet (iPad) und Smartphone (iPhone). Es gibt wenige Unternehmen, die so viele neue Kurven erschaffen haben oder auf sie aufgesprungen sind, und das macht Apple bemerkenswert.

Abbildung 4.3: Steve Sasson und die erste jemals hergestellte Digitalkamera. Er arbeitete damals für Kodak, 1975.

Kodak ist im Hinblick auf dieses Konzept die Mutter aller schlechten Beispiele. 1975 erfand ein Kodak-Ingenieur namens Steven Sasson die Digitalkamera. Seine Erfindung wog über dreieinhalb Kilo und hatte eine Auflösung von 100 x 100 Pixeln. (Ein iPhone 14 wiegt 170 Gramm und hat eine Auflösung von 8064 x 6048 Pixeln.)

Aber Kodak lebte, gedieh und starb dann leider auch auf der Film-Kurve. Falls Sie nicht wissen, was ein Film ist: Ein Film ist ein Plastikstreifen, beschichtet mit Chemikalien, die ein Bild »einfangen«, wenn sie dem Licht ausgesetzt werden. Nach der Belichtung brachte man die Filmrolle zur Entwicklung in ein Fotolabor oder eine Drogerie. Binnen einer kurzen Stunde oder einiger langer Tage bekam man dann Ausdrucke seiner Bilder.

Kodak griff die neue Kurve, die Digitalfotografie, nicht auf, obwohl sie im eigenen Unternehmen erfunden worden war. Vielleicht meinte Kodak ja, man sei ein Chemikalien- und Film-Unternehmen. Fairerweise muss man wohl auch sagen, dass es vielleicht etwas schwierig gewesen wäre, den Dreieinhalb-Kilo-Prototypen zu einem Gerät für Verbraucher zu machen.

Ich nehme an, es wird nicht gut angekommen sein, als Steve seinem Management berichtete, er habe ein Produkt erfunden, das die gegenwärtigen Produkte des Unternehmens überflüssig macht! Das ist ein klassisches Beispiel für ein statisches Selbstbild. Kodak definierte sein Geschäft offenbar als das Verpacken von Filmen und Chemikalien – das tat man, dieses Geschäft war lukrativ, und daran wollte man auch nichts ändern.

Hätte es sein Geschäft dagegen als das Bewahren von Erinnerungen definiert und wäre von der Chemikalien-Kurve auf die Digitalchip-Kurve hinübergesprungen, würden wir heute vielleicht Kodak-Kameras verwenden, und ihre Technologie fände sich in jedem Smartphone. Mit anderen Worten so wie bei Sony circa 2023.

Nach meiner Beobachtung entwickeln wahrhaft innovative und bemerkenswerte Unternehmen Produkte, die den Start der nächsten Kurve beschleunigen. In dieser Situation gibt es auf der gegenwärtigen Kurve nur wenig Weiterentwicklung; stattdessen dreht sich der Wettbewerb nur noch um Marktbedeutung und Marktanteil. Die wirkliche Action findet erst beim nächsten Wechsel statt.

Auf einer Welle mitreiten

→ Sie fragen sich, ob es besser ist, bei einem Trend zu früh oder zu spät dran zu sein.
→ Sie möchten auf einen großen Trend aufspringen, der bereits voll im Gange ist.
→ Sie möchten erfahren, wie Sie tätig werden können, um ein offensichtliches, zunehmendes Bedürfnis zu befriedigen.

Manchmal befindet sich die nächste Produktkurve bereits im Aufschwung. In diesem Fall lautet die Empfehlung, nach Möglichkeiten zu suchen, wie sich diese Flut für jeden nutzbar machen lässt – nicht nur für das eigene Boot. So war es zum Beispiel in den 1970er-Jahren so, dass der Nachweis der Brauchbarkeit des Personal Computers nicht nur für Apple gut war, sondern auch für Commodore, IBM und Compaq.

Das heißt, der Gewinn anderer muss nicht notwendigerweise Ihr eigener Verlust sein und Ihr Verlust nicht notwendigerweise deren Gewinn. Sondern wenn die Flut steigt, kann jeder Erfolg haben. Weitere Beispiele für die Kraft einer steigenden Flut:

- Autoproduzenten, die Verbrennungsmotoren herstellten, schwammen auf der Welle der Elektroautos mit. Tesla hatte diese Welle ausgelöst, die anderen profitierten.
- Zoom ritt auf der Home-Office-Welle mit, als 2020 die Covid-19-Pandemie zuschlug. Die Nachfrage nach digitaler Kommunikation glich einem Tsunami.
- Shopify profitierte von der Digitalisierung des Einzelhandels. Als die Leute nicht mehr persönlich einkaufen gehen konnten,

erzeugten die Einzelhändler eine gewaltige Nachfrage nach Online-Stores, die sich auch Shopify zunutze machte.

Verstehen Sie das Ganze bitte nicht falsch: Die Nase vorn haben jeweils die Ersten, die auf eine Kurve aufspringen und die Welle auslösen, aber bemerkenswert können Sie auch dann werden, wenn Sie auf einer zunehmenden Welle mitreiten. Im Silicon Valley spricht man hier von den »schnellen Zweiten«, die den Vorteil und den Kick der Innovation mitnehmen, aber mit geringerem Risiko.

Hingehen und schauen, sein und machen

- → Sie möchten erfahren, wie Sie die Bedürfnisse der Kunden verstehen können.
- → Sie möchten Ihre Entwicklungsprozesse optimieren.
- → Sie möchten ein Mitgefühl, das aus Empathie entstanden ist, aktiv zum Einsatz bringen.

Bei Toyota hat das Prinzip *genchi genbutsu* (Geh hin und schau selbst) hohen Stellenwert. Konkret heißt das bei Toyota, man solle hingehen und schauen, was in den Fabrikhallen passiert, bei den Autohändlern und im Leben der Kunden, wenn sie ihr Auto nutzen.

Ein solches Vorgehen hilft Ihnen, einen Eindruck davon zu gewinnen, was die Menschen erleben, und zu erkennen, wie Sie deren Leben verbessern könnten – so hat zum Beispiel die Beobachtung, wie eine junge Familie mit Baby, Kinderwagen, Hund und Geschwistern zu hantieren hat, die Gestaltung von Toyotas Minivans beeinflusst.

Noch besser als hinzugehen und zu schauen ist das Konzept *taiken gakushu* (Lernen durch Erleben). Man lernt durch Machen oder Teilhaben. So bat zum Beispiel das Pharmaunternehmen Chiesi Farmaceutici den dänischen Psychologen und

Unternehmer Martin Lindstrom, ihnen zu helfen, »näher an die Kunden heranzukommen«.

Normalerweise läuft so etwas über Fokusgruppen und Umfragen. Er dagegen versammelte die Manager in einem Raum und ließ sie durch Strohhalme atmen. Vielen der Manager fiel es schwer, das länger als auch nur ein paar Minuten durchzuhalten.

Am Ende der Übung fragte Martin die Teilnehmer, ob sie jetzt verstehen könnten, wie es Menschen mit Asthma ergeht. Die Manager waren hier also nicht einfach nur hingegangen und hatten geschaut oder sich vorgestellt, wie es ist, Asthmatiker zu sein. Sondern sie hatten *erlebt*, wie es ist, Asthma zu haben.

Abbildung 4.4: Martin Lindstrom bei der Diskussion mit Mitarbeitern von Chiesi Farmaceutici darüber, was sie durch das Atmen durch Strohhalme gelernt haben, 2019. Für die Mitarbeiter war das Ganze eine intensive Möglichkeit zu verstehen, wie es ist, mit Asthma zu leben. *(Quelle: Martin Lindstrom)*

Hier noch eine weitere Story vom Typ »Hingehen und sein«: Als Temple Grandin, Professorin, Tierverhaltensforscherin und visuelle Denkerin, noch Studentin an der Arizona State University war, fand sie heraus, warum Vieh vor der Durchquerung von

Stromschnellen zurückscheut. Während die Viehhüter darauf setzten, anzustacheln, zu schieben und zu schreien, stieg sie selbst in die Stromschnellen hinab und »wurde« dort zur Kuh. Sie sah die Schatten, die Lichtstrahlen und die Lichtstreuung und verstand, was die Kühe zögern ließ. Liebe Fans der Serie *Yellowstone*, ich frage euch: »Ist das nicht genau das, was auch John Dutton gemacht hätte?«

Die Methoden »Hingehen und schauen« oder »Hingehen und sein« fördern die Fähigkeit nachzuempfinden, was andere Menschen (oder Tiere!) empfinden. Das ist eine gute Übung. Um bemerkenswert zu sein, braucht es dann aber auch noch den Sprung von der Empathie zum Handeln. Der Wunsch, die Ursachen von Leid zu beseitigen, lässt sich als aktives Mitgefühl bezeichnen.

Beispiel: Dass Sie nun erkannt haben, wie schwer Menschen mit Asthma das Atmen fällt, ist schon mal gut. Aber was tun Sie nun dagegen? Empathie ist eine instinktive Reaktion. Aktives Mitgefühl ist bewusstes Handeln.

Um Jordan Kassalow zu zitieren, den Autor von *Dare to Matter: Your Path to Making a Difference:* »Während Empathie uns auslaugen kann, kann aktives Mitgefühl uns nähren. Es kostet uns nichts. Je mehr Beiträge wir leisten, desto stärker wächst es.« Drei Möglichkeiten, um bemerkenswert zu werden, sind also: Hingehen und schauen, hingehen und sein, hingehen und machen.

Tun, was der Anstand gebietet

- → Sie fragen sich, ob Sie etwas bewegen können, indem Sie tun, was der Anstand gebietet.
- → Sie wünschen sich ein modernes Beispiel dafür, wie jemand etwas getan hat, was der Anstand gebietet.
- → Sie hätten gern Erkenntnisse darüber, was es kostet, zu tun, was der Anstand gebietet.

Eine weitere Möglichkeit, um bemerkenswert zu werden, erfordert eine ganz andere Art des Handelns: Sie können bemerkenswert werden, indem Sie etwas tun, was hohe persönliche Risiken, Kosten und Opfer mit sich bringt. So hat zum Beispiel Tyler Shultz ausgepackt, was er über die Aktivitäten von Elizabeth Holmes und Sunny Balwani wusste, das dynamische Duo des Medizintechnik-Unternehmens Theranos, das schließlich des Betrugs seiner Anleger und Kunden schuldig gesprochen wurde.

Als Shultz sah, dass die Theranos-Bluttests in Wirklichkeit gar nicht funktionierten, Holmes und Balwani aber trotzdem weiter dafür die Werbetrommel rührten, entschied er sich für den moralisch richtigen Weg und informierte das *Wall Street Journal* und eine Medizinaufsichtsbehörde.

Das Ganze kostete ihn zwei Jahre seines Lebens, 750 000 Dollar an Anwaltshonoraren und auch das gute Verhältnis zu seinem Großvater George Shultz, der zuvor US-Außenminister gewesen und jetzt Aufsichtsratsmitglied bei Theranos war.

Abbildung 4.5: Bill Clinton und Elizabeth Holmes auf der Bühne bei der Plenarsitzung der Clinton Global Initiative im Jahr 2015, als man noch glaubte, die Theranos-Bluttests würden funktionieren. *(Quelle: Taylor Hill/ Getty Images)*

Das legt natürlich die Frage nahe, ob er das Ganze noch einmal machen würde. Folgendes hat er mir dazu gesagt:

> *Das ist eine interessante Frage. Denn als mir diese Frage zum ersten Mal gestellt wurde, als ich 26 war, kurz nach der ganzen Sache oder als ich noch richtig mittendrin war, da lautete meine Antwort: »Auf gar keinen Fall, nie wieder würde ich das tun. Das war die Sache überhaupt nicht wert.«*
>
> *Aber je mehr Zeit vergeht, desto mehr beginne ich das Positive zu sehen, das dabei herausgekommen ist. Und jetzt, da die ganzen Bedrohungen komplett verschwunden sind, ist es mir tatsächlich gelungen, dieses total negative Erlebnis in ein positives Erlebnis zu verwandeln.*
>
> *… Ich rede vor ganz vielen Universitäten, Schulklassen und auf Konferenzen, und diese Art von Veranstaltungen gibt mir wirklich eine Menge. Es kommen hinterher immer Leute zu mir hoch und sagen: »Ich war in einer ganz ähnlichen Situation wie Sie, und Ihre Story hat mir Mut gemacht zu tun, was der Anstand gebietet.« Und das bedeutet mir eine Menge, ganz ehrlich.*

Oft ist es weder die einfachste noch die praktischste Möglichkeit, zu tun, was der Anstand gebietet. Aber die Vorstellung, etwas zu bewirken, kann Ihnen vielleicht als Licht am Ende des Tunnels dienen. Sie sollten auf jeden Fall auf Ihren inneren Kompass achten und Unredlichkeiten und Betrügereien anzeigen, sich dabei allerdings auch bewusst sein, dass ein solches Vorgehen persönliche Risiken mit sich bringt.

Sich selbst transformieren

- → Sie möchten erfahren, wie Sie Ihr Leben allen Hindernissen und Härten zum Trotz verändern können.
- → Sie möchten den Menschen zeigen, dass es nicht unmöglich ist, Hindernisse zu überwinden.
- → Sie glauben, dass es wichtiger ist, wo Sie landen, als wo Sie starten.

Eine Transformation des eigenen Lebens ist eine weitere Möglichkeit, bemerkenswert zu werden und etwas zu bewegen. So etwas liegt den bemerkenswerten Leistungen von Menschen zugrunde, die Härte und Not überwunden haben, wie zum Beispiel Martha Niño, eine Frau, die 1975 als Baby über die US-Grenze geschmuggelt worden war.

Marthas Familie kam auf der Suche nach einem besseren Leben aus dem 300-Einwohner-Dorf Pueblo Viejo in Zacatecas/Mexiko in die USA. Sie ließen sich in Kalifornien nieder, wohnten in einer Zweietagenwohnung mit einem einzigen Schlafzimmer und arbeiteten in wechselnden Jobs. Martha ging zur Schule und arbeitete, um die Familie zu unterstützen. Ein Beratungslehrer half ihr, Arbeit und Schule zu verbinden, sodass sie ihren Abschluss in der vorgesehenen Zeit machen konnte.

Martha arbeitete in Lagerhäusern, in Möbelfabriken und schließlich bei Tech-Unternehmen wie Creative Labs und Handspring. Da sie sah, wie ihre Kollegen aufgrund von College-Abschlüssen in ihrer Karriere vorankamen, machte sie ihren Abschluss an der University of Phoenix. Kurz darauf, im Jahr 2003, ging Martha mit einem befristeten Arbeitsvertrag zum Grafiksoftware-Unternehmen Adobe.

Abbildung 4.6: Martha Niño und ihre Mutter Tomasa Coloa auf dem Flohmarkt in Fremont-Niles (Kalifornien), 2023. *(Quelle: Raul Ceja)*

2023 war sie schließlich Führungskraft bei Adobe, hatte ein Buch mit dem Titel *The Other Side: From a Shack to Silicon Valley* veröffentlicht und war Aktivistin für Diversity und Inklusion geworden. Was für eine bemerkenswerte Erfolgsgeschichte! Sie war die erste Community-Leiterin für studentisches Engagement bei Adobe.

Die Story von Marthas Verwandlung von der Immigrantin ohne Papiere zur Tech-Managerin ist ein gutes Beispiel für eine persönliche Transformation. Sie erforderte Opfer und Durchhaltevermögen von ihren Eltern, Unterstützung durch Mentoren, eigene Anstrengungen, vernünftige Einwanderungsgesetze und Glück. Der Punkt ist: Eine bemerkenswerte persönliche Transformation ist möglich.

Die einfachen Fragen stellen

- → Sie fragen sich, ob es klug ist, herkömmliche Ansichten zu hinterfragen.
- → Sie möchten für verbreitete Probleme einfache Lösungen schaffen, indem Sie bei den Grundlagen ansetzen.
- → Sie möchten wissen, wie Unschuld und Naivität als Wegbereiter für Erkenntnisse zu bewerten sind.

Bemerkenswerte Menschen starten üblicherweise nicht mit grandiosen Plänen, wie sie das Universum zerstören oder beherrschen könnten. Sondern sie starten mit kleinen und einfachen Fragen, die mit der Zeit zu dem Ergebnis führen, dass sich etwas ändert:

- Ist das nicht merkwürdig? Wissenschaftler entwickelten bei Pfizer ein Medikament für Herzprobleme und stellten fest, dass es bei Männern zu besseren Erektionen führte.
- Geht das nicht auch besser? Edwin Land wurde von seiner Tochter gefragt, warum sie immer erst warten müsse, bis sie die Fotos sehen könne, die sie gemacht hatte. Land gründete daraufhin das Sofortbildkamera-Unternehmen Polaroid.

- Warum macht das noch keiner? Das Unternehmen Salesforce gibt eine Antwort auf folgende einfache Frage: »Warum müssen Software-Updates an jedem Einsatzort manuell installiert werden?«

Ich weiß natürlich nicht, ob die Leute bei Pfizer, Polaroid und Salesforce sich nun exakt diese Fragen gestellt haben. Ich weiß aber, dass solche einfachen Fragen drei Vorgänge in Gang setzen:

- Es werden Annahmen aufgedeckt, die Unstimmigkeiten und Mängel des Status quo verursachen.
- Es werden Neugier und Kooperation auf breiter Front angeregt.
- Durch die vereinfachte Darstellung komplizierter Themen entsteht eine neue Sichtweise auf die Probleme.

Damit die einfachen Fragen Wirkung zeigen, müssen folgende Bedingungen erfüllt sein:

- Die Menschen müssen das Gefühl haben, dass sie auch unkonventionelle Fragen stellen und abweichende Antworten geben dürfen, ohne gleich ausgelacht oder zurechtgewiesen zu werden.
- Die Fragen müssen durch echte Neugier und den Wunsch motiviert sein, die Dinge zu verstehen und Kenntnisse zu erlangen, indem tiefer geschürft und weiter untersucht wird.
- Die Menschen müssen für alle Arten von Antworten empfänglich sein und die Bereitschaft haben, zuzuhören, zu lernen und sich auch in unvorhergesehener Weise anzupassen.

Sie sollten nicht akzeptieren, dass wahr sei, »was jeder weiß«. Zum Beispiel dachten Primatenforscher, sie »wüssten«, dass Schimpansen Vegetarier seien und nur begrenzte soziale Interaktion aufwiesen, und sie glaubten, dass nur Menschen ausreichend Intelligenz hätten, um Werkzeuge herzustellen und zu nutzen.

Das erschien so lange als die Wahrheit, bis Jane Goodall nach Gombe in Nigeria ging und beobachtete, wie Schimpansen Fleisch aßen, miteinander stritten und Werkzeuge benutzten. »Woher wissen Sie denn, dass Schimpansen keine sozialen Wesen sind?«, fragte sie die Experten einfach.

Wie die Bibel sagt: »Aus dem Mund der Kinder und Säuglinge lässt du dein Lob erklingen.« Wenn Fragen ohne Hintergedanken und ganz unschuldig, naiv oder offen und ehrlich gestellt werden, sind sie ein ergiebiger Ausgangspunkt dafür, die Welt zu verbessern.

Eine Unterkategorie erschaffen

→ Sie hätten gern Erkenntnisse darüber, wie Sie eine Nische definieren könnten, die Ihnen eine kostengünstige Möglichkeit zur Vermarktung Ihrer Ware oder Dienstleistung bietet.
→ Sie möchten Möglichkeiten finden, wie Sie Ihr Konkurrenzangebot vorteilhaft positionieren können.
→ Sie sind hin- und hergerissen zwischen den Strategien, in die Tiefe oder in die Breite zu gehen.

David Aaker, die Koryphäe auf dem Gebiet der Markenbildung, weist darauf hin, dass es oft zu schwierig und zu spät ist, eine völlig neue Kategorie zu erschaffen. Eine eigene Unterkategorie zu gründen sei bemerkenswert genug.

Hier ein paar Beispiele:

Kategorie	Unterkategorie	Beispiel
Autos	Elektroautos	Tesla
Kameras	Action-Kameras	GoPro
Tablets	E-Reader	Kindle

Und hier die Gründe dafür, lieber eine Unterkategorie zu gründen als eine neue Kategorie:

- Es ist billiger, eine Nische innerhalb einer bereits bestehenden Kategorie einzurichten, weil die Leute schon ein Grundverständnis davon haben, was Sie machen. Es ist also leichter, einen Kindle als Unterkategorie von Tablets zu erklären denn als total neuen Markt.
- Sie können Gruppen mit ganz speziellen Bedürfnissen und Anforderungen ansprechen. Das hilft Ihnen, Ihre Anstrengungen

zu fokussieren und andere Segmente einfach zu ignorieren. So braucht sich GoPro zum Beispiel keine Gedanken über die Bedürfnisse von Hochzeitsfotografen zu machen – es sei denn, Heiraten beim Fallschirmspringen würde plötzlich einen Höhenflug erleben.

- Sie können Ihre Konkurrenten umdefinieren und umpositionieren. So könnte ein Hersteller von Elektroautos seine Verbrennungsmotor-Konkurrenz als Marken bezeichnen, die sich nicht um die Umwelt kümmern.
- Während Sie auf einem großen, generischen Markt die Konkurrenz nicht vom Hals kriegen, können Sie durch die Einrichtung einer Unterkategorie bewirken, dass Sie in Ruhe gelassen werden. Oder haben Sie schon mal von Action-Kameras von Sony, Canon, Leica oder Nikon gehört? Hier haben Sie den Grund, warum GoPro von allen in Frieden gelassen wird.

Eine ganz neue Kategorie zu erschaffen ist eine wahrhaft bemerkenswerte Leistung, aber ganz neue Kategorien sind selten. Sie können aber auch etwas bewegen, ohne eine solche monumentale Leistung zu schaffen. Ich schlage vor, Sie betrachten sich als großen Fisch in einem großen Teich und fangen mit einer Unterkategorie an.

Einzigartig und wertvoll werden

- → Sie brauchen einen Orientierungsrahmen, der Sie erkennen lässt, wie Sie Ihre Ware oder Dienstleistung differenzieren können.
- → Sie suchen nach einer Möglichkeit, die Wettbewerbslandschaft einzuschätzen.
- → Sie fragen sich, auf welche Botschaften sich Ihr Marketing konzentrieren sollte.

Ein guter Test für die Brauchbarkeit einer Idee besteht in der Prüfung, ob sie sowohl einzigartig als auch wertvoll ist. Einzigartig heißt, dass man das Ganze nicht bei anderen Anbietern bekommt. Wertvoll heißt, dass es sich überhaupt lohnt, es zu erwerben.

	Nicht einzigartig	Einzigartig
Wertvoll	Brutaler Preiskampf	Bemerkenswert!
Nicht wertvoll	Totaler Loser	Lösung auf der Suche nach einem Problem

Wenn etwas nicht einzigartig ist, fällt es schwer, sich von der Masse abzuheben. Und wenn etwas keinen Wert hat, warum sollte man sich dann überhaupt damit befassen?

Joe Foster, der Gründer von Reebok, spricht in diesem Zusammenhang vom »Whitespace«, einem »Leerraum« oder weißen Fleck auf der Landkarte. Er erzählte mir, sein Unternehmen sei bereits »als funktionierendes Unternehmen in Amerika angekommen«. Aber dann sei einem Mitarbeiter, Angel Martinez, etwas aufgefallen.

Angels Frau ging total gern zu einem Kurs, in dem die Leute »sich zu Musik bewegen«. Daher ging er zur nächsten Stunde einmal mit. Er sah dort, dass die Übungsleiterin und die Hälfte der Teilnehmerinnen Turnschuhe trugen. Die andere Hälfte trug gar keine Schuhe. Das gab Angel die Inspiration, dass er gern Aerobic-Schuhe für Frauen herstellen würde. Angel ließ 200 Paar zur Probe herstellen, und die waren sofort ausverkauft.

Angel hatte Reebok mithin dazu verholfen, ein Produkt herzustellen, das sowohl einzigartig als auch wertvoll war – einen profitablen Leerraum zu füllen; denn Schuhe für Frauen, die Aerobic machen, stellte noch kein anderes Unternehmen her. Und dann trug auch noch Jane Fonda ein Paar und trug dazu bei, Reebok von einem 9-Millionen-Dollar-Unternehmen zu einem 900-Millionen-Dollar-Unternehmen zu machen.

Abbildung 4.7: Das Modell »Freestyle«, das Reebok 1982 einführte, war »einzigartig und wertvoll«. Es war der einzige speziell für Aerobic konzipierte Schuh und verschaffte Reebok den Zugang zum Sportartikelmarkt. *(Quelle: Reebok USA/Wikimedia Commons/CC BY-SA 4.0)*

Hier noch ein paar weitere Beispiele jüngeren Datums und aus dem Bereich Hightech für Produkte, die zu ihrer Zeit einzigartig und wertvoll waren:

iPod	Das einzige Gerät mit einer für Normalsterbliche verständlichen Benutzeroberfläche, das tausende Songs speichern konnte.
Netflix	Die einzige Möglichkeit, an ein breites Spektrum von Filmen zu gelangen, ohne in eine Videothek zu fahren.
Waze	Das einzige GPS-System, das Verkehrsnachrichten in Echtzeit bot und Routen optimierte.

Wenn das, was Sie anzubieten haben, einzigartig und wertvoll ist, werden sowohl Marketing als auch Verkauf und Mittelbeschaffung sowie Personalrekrutierung leichter – hier handelt es sich um den heiligen Gral, das gelobte Land der Innovation. Sie sollten also Ihr Bestes geben, um Waren und Dienstleistungen zu erschaffen, welche diese beiden Eigenschaften verkörpern.

Weiterführende Literatur

Fadell, Tony. *Build: An Unorthodox Guide to Making Things Worth Making.*

Grandin, Temple. *Visual Thinking: The Hidden Gifts of People Who Think in Pictures, Patterns, and Abstractions.*

Niño, Martha. *The Other Side: From a Shack to Silicon Valley.*

Pinker, Steven. *Enlightenment Now: The Case for Reason, Science, Humanism, and Progress* (deutsch: *Aufklärung jetzt: Für Vernunft, Wissenschaft, Humanismus und Fortschritt. Eine Verteidigung*).

Rubin, Rick. *The Creative Act: A Way of Being* (deutsch: *Kreativ: Die Kunst zu sein*).

Van Doren, Paul. *Authentic: A Memoir by the Founder of Vans.*

5 Weiter als nur bis zum Heureka kommen

»Nach der Freude, dass wir eine tolle Idee hatten, nach unserem Heureka!-Moment, wird uns bald klar, dass wir jetzt in einem Bereich der Unsicherheit gelandet sind.«
Marylène Delbourg-Delphis

Die eigenen Ziele formulieren

→ Sie fragen sich, ob es ein lohnendes Unterfangen ist, die eigenen Ziele zu formulieren.
→ Sie möchten wissen, ob die größte Herausforderung bei Ihrem Vorhaben, etwas Bedeutendes zu erreichen, im Generieren der Idee besteht oder in ihrer Umsetzung.
→ Sie möchten bei der Umsetzung Ihrer Idee Effizienz und Effektivität maximieren.

»Heureka!« ist ein Ausruf, der »Ich hab's gefunden!« bedeutet. Er wird verwendet, um das Gefühl der Begeisterung und des Triumphs auszudrücken, das man nach der Lösung eines Problems oder nach einer Entdeckung empfindet. Allerdings wird der Ausruf oft ein wenig verfrüht verwendet – so als wäre das Schwierigste an der ganzen Sache, auf die richtige Idee zu kommen. In der wirklichen Welt sind die Ideen aber das Leichte, während das Schwierige die Umsetzung ist.

Beispiel: »Heureka, wir können Bilder aus dem wirklichen Leben verwenden, etwa Mülltonnen, Aktenmappen und Symbole. Dann können die Menschen besser verstehen, wie ein Computer zu bedienen ist.« Das ist zwar wunderbar. Aber nun müssen Sie den Computer erst einmal konstruieren, ihn in großer Stückzahl produzieren und die Leute dazu bringen, ihn auch zu kaufen.

Wenn Sie Ihre Ziele schriftlich formulieren, hilft Ihnen das, weiter als nur bis zum Heureka zu kommen und auch echte

Ergebnisse zu erzielen. Garrett McNamara, mein Riesenwellen-Surfkumpel, erklärt, was die Leute falsch machen:

> *Wir leben einfach nur von Tag zu Tag. Wir haben zwar durchaus Visionen oder Träume oder Hoffnungen oder Erwartungen, aber wir bringen sie nicht zu Papier. Wir stellen keine echten Pläne auf, wie wir sie erreichen wollen, fertigen uns keine Roadmap an.*
>
> *Und so wandern wir den ganzen Tag ziellos daher ... was kommt als Nächstes? Ja, wir planen vielleicht schon mal für den nächsten Tag, oder wir planen auch für die nächste Woche, oder vielleicht planen wir sogar für den nächsten Monat. Aber im Allgemeinen geht es einfach immer nur von Tag zu Tag.*
>
> *Da fehlt das Gesamtbild. Wie werde ich ein toller Kerl? Was ist mein Beitrag zum großen Ganzen? Wie kann ich meine Familie ernähren und machen, was ich am liebsten tue?*

So sollten wir es Garrett zufolge stattdessen richtig machen:

> *Machen Sie sich einen Plan dafür und konzentrieren Sie sich jeden Tag darauf. Werfen Sie jeden Tag einen Blick auf diese Roadmap – dann führen Sie ein zielgerichtetes Leben. Dann wissen Sie, was Sie tun. Dann wissen Sie, warum Sie es tun. Dann wissen Sie auch, was Sie tun können, um sich zu verbessern.*

Wenn Sie Ihre Ziele niederschreiben und formulieren, zwingt Sie das, diese sorgfältiger auszuarbeiten und zu analysieren. Wenn Sie sehen, wie diese Ziele aus Ihrem Hirn auf ein Blatt Papier oder auch auf einen Computerbildschirm fließen, macht das die Ziele realer, vergrößert ihre Vorzüge und verstärkt Ihr Engagement dafür, sie zu erreichen.

Ich gebe Ihnen hier die Zeit und den Raum, Ihre drei wichtigsten Ziele für das kommende Jahr niederzuschreiben. Und dann kehren Sie in einem Jahr wieder zu dieser Seite zurück. Da werden Sie hoffentlich vom Überzeugten zum Täter geworden sein.

1. ______________________________

2. ______________________________

3. ______________________________

Die Machbarkeit nachweisen

- → Sie möchten bei einem Vorhaben von der reinen Vorstellung zur Realisierung gelangen.
- → Sie fragen sich, was unter einem »Machbarkeitsnachweis« oder »Proof of Concept« zu verstehen ist.
- → Sie brauchen eine Möglichkeit, wie Sie anderen Menschen Ihre Idee verständlich machen können.

Dem Ziel, die Machbarkeit der eigenen Idee nachzuweisen, entspricht das, was Bildungs-Guru Ken Robinson als den »Übergang von der Imagination zur Kreation« bezeichnet. Sein TED-Talk *Do Schools Kill Creativity?* ist mehr als 60 Millionen Mal angeschaut worden, und Queen Elizabeth II. hat ihn für seine Arbeit zum Ritter geschlagen. Folgendermaßen hat er mir diesen Prozess erklärt:

> *Die Imagination ist eine Fähigkeit, die wir alle haben. Sie ist uns Menschen angeboren und kann Dinge in unseren Geist bringen, die für unsere Sinne nicht präsent sind. Um das Hier und Jetzt zu transzendieren, um die Zukunft zu antizipieren, um über die Vergangenheit zu reflektieren, um hinauszutreten, um zu spekulieren, um zu fragen »Was wäre, wenn?«.*
>
> *Das ist keine singuläre Kraft. Es ist ein Amalgam vieler Kräfte, die wir haben, aber die Fähigkeit, Dinge in den Geist zu bekommen, die nicht präsent sind, ist ihre Wurzel. Kreativität geht noch einen Schritt weiter. Damit bringt man die Imagination ans Arbeiten. Damit bringt man sie auf eine spezifische Art zur Anwendung.*

Der Rest dieses Kapitels erklärt, wie Sie den Übergang von der Konzeption zur Konkretisierung schaffen, obwohl Sie sich dabei in einem Bereich der Ungewissheit bewegen müssen. Das Ganze ist ein schwieriger, Respekt einflößender und manchmal auch deprimierender Prozess, aber das ist die Herausforderung, die Sie bestehen müssen, wenn Sie etwas verändern und bemerkenswert werden wollen.

Der erste Schritt besteht darin, einen Machbarkeitsnachweis oder »Proof of Concept« vorzulegen. Damit ist ein Prototyp oder ein Vorführmodell gemeint, das es anderen ermöglicht, Ihre Idee zu begreifen, zu empfinden, mit ihr zu interagieren. Denn durch bloße Schilderung ist es auch für den begabtesten Geschichtenerzähler schwierig, den Menschen zur Visualisierung einer Idee zu verhelfen. Wie ein solcher Machbarkeitsnachweis aussieht, das unterscheidet sich je nach Branche und Markt.

Den gefährlichsten Machbarkeitsnachweis, von dem ich je gehört habe, hat Chris Bertish vorgelegt. Er ist der erste Mensch, der ganz allein über den Atlantik gepaddelt ist. Er brauchte dafür 93 Tage und war dabei autark und ohne Begleitboot unterwegs.

Sein Machbarkeitsnachweis dafür, dass dieses Unterfangen möglich wäre, bestand in einer Solo-Paddeltour von Cape Point nach Lambert's Bay, 350 km entlang der südafrikanischen Westküste, durch haiverseuchtes, kaltes und turbulentes Gewässer.

Abbildung 5.1: Chris Bertish bei seiner Ankunft in Antigua im März 2017. Für seine 7400-km-Tour brauchte er 93 Tage, und er legte seine Rekordfahrt ohne fremde Hilfe zurück. *(Quelle: Brian Overfelt)*

Hier noch ein paar profanere Beispiele für Machbarkeitsnachweise:

Branche	Machbarkeitsnachweis
Biotechnik	Klinische Tests in der Frühphase
Automobil	Concept Car
Fernsehen	Pilotfolge

Im Silicon Valley heißt es, ein Prototyp sei so viel wert wie tausend Folien. Wenn es darum geht, weiter zu kommen als nur bis zum Heureka, gibt es kaum ein wirkungsvolleres und nützlicheres Instrument für den Übergang von der Konzeption zur Konkretisierung als einen Machbarkeitsnachweis oder Proof of Concept.

Mentoren finden

→ Sie möchten erfahren, wie wichtig Mentoren sind.
→ Sie brauchen Hilfe bei Ihrem Vorhaben, Mentoren zu finden.
→ Sie fragen sich, wie Sie die Beziehung zu Mentoren bestmöglich nutzen können.

Margaret O'Mara, die Autorin von *The Code: Silicon Valley and the Remaking of America* und Expertin für die Geschichte von Hightech, erzählte mir, dass Mentoren zu den wichtigsten Gründen gehören, warum Tech-Unternehmer, die in einer Garage angefangen haben, Erfolg hatten.

Also begann ich, die 4000 Seiten an Transkripten der *Remarkable-People*-Podcasts zu durchsuchen, um Beispiele zu finden, in denen sich die Gäste zu »Mentoren« bekannt hätten. Bei Seite 500 habe ich aufgehört, weil es bis dahin schon viel zu viele Fälle gegeben hatte, als dass ich sie alle hätte verwenden können. Hier eine persönliche Auswahl bemerkenswerter Menschen und ihrer Mentoren:

Bemerkenswerte Person	Bemerkenswerte/r Mentor/in
Jamia Wilson: Feministische Aktivistin und Buchredakteurin; Autorin von *Young, Gifted, and Black* sowie neun weiteren Büchern	Gloria Steinem: Feministische Ikone und Journalistin, Gründerin des Magazins *Ms*
Leana Wen: Ärztin, Expertin für das öffentliche Gesundheitswesen, ehemaliges Kommissionsmitglied des Gesundheitsamts Baltimore	Elijah Cummings: Bürgerrechtsaktivist und Kongressabgeordneter 1996–2019
Ronnie Lott: American-Football-Spieler, der in zehn Pro Bowls spielte, achtmal All Pro war und viermal den Super Bowl gewann	Jim Brown: American-Football-Profi, Schauspieler und Aktivist; gilt als bester Runningback aller Zeiten
Roy Yamaguchi: Koch und Pionier der Hawaiian-Fusion-Küche; Gründer der Kette Roy's Restaurants	Joseph Amendola: Koch und Autor von *Understanding Baking: The Art and Science of Baking*

Abbildung 5.2: Jamia Wilson mit ihrer Mentorin Gloria Steinem bei der Veranstaltung eines Buchladens in Harvard 2015. Steinem und Jamia traten »im Gespräch« zu Steinems Buch *My Life on the Road* auf. *(Quelle: Dr. Willa Alfreda Campbell-Wilson)*

Abbildung 5.3: Leana Wen mit ihrem Mentor, dem Kongressabgeordneten Elijah Cummings in Baltimore 2018. *(Quelle: Leana Wen)*

Abbildung 5.4: Ronnie Lott und sein Mentor Jim Brown bei der Feier zu Jims 80. Geburtstag 2016. *(Quelle: Joe Scarnici/Getty Images)*

Abbildung 5.5: Roy Yamaguchi mit seinem Mentor Joseph Amendola. *(Quelle: Roy Yamaguchi)*

Die Botschaft ist klar: Mentorinnen und Mentoren sind Kraftverstärker. Sie können Ihnen helfen, Chancen zu erkennen, Fehler zu vermeiden und auf dem richtigen Weg zu bleiben. Wie man Mentoren findet, habe ich Chandrika Tandon gefragt. Sie muss es wissen, denn sie wurde, nachdem sie in einem Dorf in Chenai/Indien aufgewachsen war, die erste indisch-amerikanische weibliche Partnerin bei McKinsey and Company, eine für den Grammy nominierte Musikerin und Aufsichtsratsmitglied beim Lincoln Center for Performing Arts.

Sie schreibt einen großen Teil ihres Erfolgs ihren Mentoren zu. Folgendermaßen lautet ihr Rat für die Suche nach Mentoren:

> *Die Menschen werden die Mentorenschaft für Sie sehr offen und aktiv und energisch übernehmen, wenn Sie etwas Gutes für sie getan haben. Sie müssen also etwas von Ihnen gesehen haben.*
>
> *Meine Mentoren waren hauptsächlich meine Lehrer. Ich habe in ihrem Unterricht wirklich fleißig mitgearbeitet. Sie haben sich erinnert, wie ich in ihrem Unterricht war. Ich war sehr, sehr gut in der Schule, aber es war nicht nur so, dass ich akademisch gut war. Ich habe an der Schule auch eine Menge Jobs übernommen.*

Sie gehen also nicht einfach zu jemandem hin und sagen: »Oh, bitte, werden Sie mein Mentor!« Sie müssen auch etwas dafür tun. Tun Sie mehr als nur Ihre Pflicht.

Wenn Sie dann Ihre Schuldigkeit getan haben und auch in der Lage waren, einen Mentor oder eine Mentorin zu finden, sollten Sie Folgendes tun, um diese Beziehung für beide Seiten zu optimieren:

- Liebevolle Strenge erwarten: Sie brauchen eine Person, die von Ihnen fordert, dass Sie das Richtige auf richtige Weise machen, und die Sie auch ermahnt, wenn Sie Mist bauen.
- Bedürfnisse klar nennen: Lassen Sie Ihr Gegenüber nicht selbst herausfinden, was Sie von ihm oder ihr wollen. Seien Sie geradeheraus und präzise. Das zeigt Ernsthaftigkeit und Überlegung, was wiederum die Wahrscheinlichkeit einer positiven Reaktion erhöht.
- Keine fremde Zeit verschwenden: Zeit ist die wertvollste Ressource überhaupt, daher sollten Sie bei Interaktionen mit Ihren Mentoren konzentriert auftreten und genau wissen, welche Art von Hilfe Sie brauchen. Es handelt sich hier um Ihre Mentoren, nicht um Ihre Psychiater.
- Auf Feedback hören: Wenn Sie von Menschen wollen, dass sie Ihnen helfen, dann sollten Sie keine Zeit darauf verwenden, sie zu überzeugen, dass sie unrecht haben oder dass Sie selbst schon eine bessere Möglichkeit kennen. Noch einmal: Verschwenden Sie nicht fremder Leute Zeit. Zeit ist die wertvollste Ressource.
- Dankbarkeit zeigen: Ihre Anerkennung können Sie schon durch einfache Dinge zeigen wie eine handschriftliche Mitteilung oder eine öffentliche Danksagung in den Social Media. Wenn Sie sich revanchieren, indem Sie Ihrerseits in irgendeiner Form helfen, ist das sicher effektiv.

Es ist nicht leicht, die richtigen Leute zu finden und sie dann auch noch dazu zu bringen, für Sie als Mentor aufzutreten. Andererseits lässt sich sicher sagen, dass hinter jedem bemerkenswerten

Menschen wahrscheinlich ein Mentor oder eine Mentorin steht, der oder die Kräfte verstärkt und eine wertvolle Rolle gespielt hat. Denken Sie daran, dass Sie etwas tun müssen, um potenzielle Mentoren zu beeindrucken, und nutzen Sie Ihre Mentoren gut.

Die eigenen Kräfte ergänzen

- → Sie haben erkannt, wo Ihre Schwachstellen liegen, und benötigen eine Möglichkeit, um Ihre eigenen Fähigkeiten zu erweitern.
- → Sie suchen nach Methoden, solche »Kraftverstärker« zu finden.
- → Sie möchten Techniken erlernen, wie sich Herausforderungen teilen lassen, um sie zu überwinden.

Im Juli 2023 haben Madisun Nuismer und ich uns mit dem »Haiexperten« Dave Ebert zum Essen getroffen. Er ist der Autor zahlreicher Bücher über Haie, Entdecker von über 60 neuen Arten und eine Fernsehpersönlichkeit. Er unterhielt uns mit einer Story nach der anderen über sein Studium der Haie in Südafrika, in Sri Lanka und an anderen exotischen Orten.

Und mit einer seiner Storys warf er uns dann eine Perle zu. Wir hatten gedacht, er fahre halt an alle diese tollen Orte, chartere sich dort ein Boot, lege seine Taucherausrüstung an, springe ins Wasser und sehe sich dort um.

Denkste.

Er arbeitet sehr viel effizienter: Er geht in Fischerdörfer und schaut sich an, was die Fischerboote so gefangen und an Land gebracht haben. »Warum soll ich denn als einzelne Person im Wasser nach Haien Ausschau halten, wenn ich mir doch auch ansehen kann, was fünfzig oder sechzig Boote gefangen haben?«

Dave spannt also ergänzend die Kraft anderer Personen für sich ein. Denn die Wahrscheinlichkeit ist gering, dass Ihre eigene Kenntnis, Zeit und Energie schon alles sein wird, was für Ihr

Vorhaben gebraucht wird. Steve Jobs brauchte bei Apple Steve Wozniak. Melanie Perkins brauchte bei Canva Cliff Obrecht und Cameron Adams. Und Dave Ebert brauchte halt die Kapitäne von Fischerbooten.

Abbildung 5.6: Dave Ebert mit dem Skelett eines vier Meter langen weißen Hais, 2023. *(Quelle: Guy Kawasaki)*

Ob Sie nun Haie jagen, den Computer revolutionieren oder das Design demokratisieren: Es gibt Bedingungen dafür, dass sich die zur Ergänzung herangezogenen Kräfte tatsächlich ergänzend auswirken. Das habe ich dem Buch *Is It Time to Consider Co-CEOs?* von Marc A. Feigen, Michael Jenkins und Anton Wärendh entnommen. Die Autoren haben 87 Unternehmen untersucht, die an der Börse gehandelt werden (wozu es im Lebenszyklus eines Unternehmens erst spät kommt), und daraus folgende Liste von Bedingungen abgeleitet:

- Bereitwillige Teilnehmer: Beide Parteien wollen gern auf diese Art arbeiten.
- Ergänzende Fertigkeiten: Die Fertigkeiten müssen unterschiedlich sein, nicht deckungsgleich.

- Klare Verantwortlichkeiten und Entscheidungsbefugnisse: Es muss klar sein, was jede der Parteien zu tun hat.
- Mechanismen zur Konfliktlösung: Es sollte ein Verfahren vorhanden sein, mit dem sich Konflikte lösen lassen.
- Eindruck der Geschlossenheit: Gegenüber dem Unternehmen sollte das Bild einer geschlossenen Front entstehen.
- Vollständig gemeinsame Verantwortung: Beide Parteien sollten gleichermaßen verantwortlich für Erfolg oder Misserfolg sein.
- Unterstützung der Aufsichtsgremien: Das Aufsichtsgremium des Unternehmens muss die Struktur unterstützen.
- Gemeinsame Wertvorstellungen: Beide Parteien müssen sich einig sein, wie Menschen zu behandeln und was die Ziele des Unternehmens sind.
- Strategie für den Ausstieg: Ein Verfahren zur Abwicklung der Struktur sollte in Kraft sein, bevor es benötigt wird.

Denken Sie daran: Der Wert Ihrer zur Ergänzung herangezogenen Kräfte besteht darin, dass sie über andere Fachkenntnisse, Hintergründe und Ideen verfügen. Ergänzende Kräfte können die Kreativität, die Entscheidungsfindung, die Problemlösung, die Produktivität und das Arbeitsumfeld verbessern. Die alte Redensart »Vier Augen sehen mehr als zwei« trifft hier zu, vorausgesetzt die beiden beteiligten Köpfe denken unabhängig voneinander.

Den eigenen inneren »Nigel« erkennen

→ Sie suchen nach einer Methode, wie Sie Ihre kritische innere Stimme unter Kontrolle halten können.
→ Sie würden Ihre kritische innere Stimme gern nutzen, um Ihre persönliche Entwicklung voranzubringen.
→ Sie sind neugierig, wie außergewöhnliche Menschen mit ihrer kritischen inneren Stimme umgehen.

Julia Cameron, die Königin der Kreativität und Autorin von über 40 Büchern, darunter *The Artist's Way* (deutsch: *Der Weg des*

Künstlers), hat einen imaginären Freund, der sich als ihre kritische innere Stimme betätigt und den sie Nigel nennt. Julia zufolge ist er ein schwuler britischer Innenarchitekt, dem nichts, was sie macht, gut genug ist. Um Julia zu zitieren:

> *Ich schreibe regelmäßig jeden Morgen, und dann sagt Nigel »Ach, bist du langweilig!«, und dann sagst du »Danke für deinen Kommentar, Nigel« und schreibst einfach weiter. Was dadurch passiert, ist, dass dein Nigel, deine kritische innere Stimme, miniaturisiert wird. Sie wird zu einer Cartoon-Stimme und ist jetzt nichts Fatales, Abschreckendes, Bedrohliches und Furchtbares mehr.*

Ein innerer Nigel muss allerdings auch nicht unbedingt etwas Schlechtes sein – zumindest nicht jedes Mal. Er kann Sie auch dazu motivieren, hervorragende Ergebnisse zu erzielen. Wie Gretchen Rubin gesagt hat, die Autorin von *Life in Five Senses:*

> *Um Gretchen zu sein, muss ich mich sowohl selbst akzeptieren als auch mehr von mir verlangen.*

Das mag jetzt banal klingen, aber wenn Sie Ihrer kritischen inneren Stimme einen Namen geben, dann hat das seine Vorteile, denn dann ordnen Sie all Ihre Zweifel einer einzigen Einheit zu. Und dann kann diese ganze Beziehung humorvoll und unbeschwert werden – und wahrscheinlich auch viel konstruktiver. Geben Sie Ihrer kritischen inneren Stimme also einen Namen und sprechen Sie mit ihr.

Eine Routine entwickeln

- → Sie sind auf der Suche nach einem konsequenten Morgenritual, mit dem Sie Zeit sparen können, die Sie für wichtige Entscheidungen brauchen.
- → Sie möchten erfahren, wie Sie in Ihren bisherigen Lebensstil eine neue Gewohnheit einbauen können.
- → Sie möchten, dass Ihre Routine Ihnen positive Gefühle und Schwung verleiht.

Julia Cameron und viele andere Gäste haben im Podcast *Remarkable People* die Vorzüge einer täglichen Routine angepriesen. Das Ziel ist dabei, jeden Morgen einen fliegenden Start hinzulegen.

Statt immer zu schwanken, was Sie wohl als Erstes tun sollen, starten Sie dann also einfach jeden Morgen mit der gleichen Aktivität. Julias Routine besteht darin, jeden Morgen drei Seiten Text handschriftlich als Bewusstseinsstrom zu verfassen. Meine eigene Routine besteht darin, jeden Morgen eine Tasse Kaffee zu trinken und eine Scheibe Toast mit Erdnussbutter und einer aufgeschnittenen Banane zu essen.

Das Ziel dabei ist, ins Rollen zu kommen und die eigene Geisteskraft für wichtige Entscheidungen aufzusparen. Stehen Sie also auf, schreiben Sie Ihre Morgenseiten und kommen Sie in die Gänge. Was die Welt braucht, ist, dass Sie konzentriert zu Werke gehen – und nicht vor dem Kleiderschrank stehen und überlegen, was Sie anziehen sollen.

Abbildung 5.7: Mein tägliches Frühstück: Erdnussbutter und Banane auf Toast mit Kaffee, 2023. Am liebsten habe ich Erdnussbutter der Marke Skippy Super Chunk auf Neunkornbrot der Whole Grain Natural Bread Company. *(Quelle: Guy Kawasaki)*

B. J. Fogg, Professor und Gründer des Behavior Design Lab an der Stanford University, hat eine Methode entworfen, wie sich Morgenroutinen und andere wünschenswerte Gewohnheiten leichter einführen lassen:

> *Sie nehmen einfach jede beliebige Gewohnheit, die Sie annehmen wollen, ganz gleich ob es zum Beispiel Meditieren ist oder Kniebeugen oder Liegestütze machen oder Lesen, und fangen ganz, ganz klein an. So besteht Ihr Meditieren vielleicht nur aus drei Atemzügen, vielleicht machen Sie einfach nur zwei Kniebeugen, oder Sie lesen nur einen einzigen Absatz.*
>
> *Und dann planen Sie das in Ihre bestehende Routine ein.*
>
> *Dafür überlegen Sie: »Worauf folgt das auf die natürlichste Weise? Worauf folgt Lesen natürlicherweise in meiner bestehenden Routine? Vielleicht folgt es ja am natürlichsten, nachdem ich meinen Computer für den jeweiligen Tag ausgeschaltet habe. Das wird dann der Zeitpunkt, an dem ich lese.« Für mich selbst habe ich festgestellt, dass Liegestütze für mich am natürlichsten folgen, nachdem ich gepinkelt habe. Also mache ich nach dem Pinkeln zwei Liegestütze. Das ist das Rezept.*
>
> *Die ersten zwei Tricks sind also: Erstens fangen Sie ganz, ganz klein an. Zweitens verwenden Sie keinerlei externe Erinnerungsstütze. Sie verwenden vielmehr Ihre bestehende Routine als Gedächtnisstütze. Sie finden also heraus, wo es hinpasst, wo das Ganze einen Flow ergibt. Und beim dritten Trick geht es dann darum, wie Sie das Ganze so verdrahten können, dass es zum Automatismus wird. Und das erreichen Sie, indem Sie dafür sorgen, dass das Ganze bei Ihnen für positive Emotionen sorgt.*
>
> *Wenn Sie also positive Emotionen empfinden, während Sie die jeweilige Verhaltensweise ausüben, wird dieses Verhalten immer automatischer erfolgen. Mit anderen Worten: Es wird zur Gewohnheit. Und bei Ihren kleinen Gewohnheiten überlassen Sie das nicht dem Zufall. Sie tricksen Ihre Emotionen aus. Sie verspüren ganz bewusst eine positive Emotion, und dann ist die Gewohnheit schnell fest verdrahtet.*

Ermitteln Sie eine spezielle, machbare Routine, die für Sie funktioniert. Es gibt hier keine Vorgaben für Länge oder Details. Bescheiden beginnen und konsequent bleiben, das sind die Schlüssel zum Erfolg.

Schlechte Gewohnheiten ablegen

- → Sie wollen impulsives Verhalten überwinden und trotzdem Spaß haben.
- → Sie fragen sich, ob eine öffentliche Selbstverpflichtung dazu beitragen kann, ständiges Aufschieben zu vermeiden.
- → Sie möchten erfahren, wie Sie gegen Faulheit ankämpfen können, indem Sie Routinen einrichten und Reibungspunkte verringern.

Katy Milkman ist Professorin für Operations, Information and Decisions an der Wharton School und eine kommende Nachfolgerin von Bob Cialdini, der Koryphäe auf dem Gebiet der Überzeugungsarbeit. (Von ihm erfahren Sie im nächsten Kapitel mehr.) Ihr bemerkenswertes Buch *How to Change: The Science of Getting from Where You Are to Where You Want to Be* erklärt, wie Sie schlechte Angewohnheiten überwinden können, die Sie daran hindern, weiter als nur bis zum Heureka zu kommen:

- Impulsivität: Wenn Sie impulsives Verhalten reduzieren wollen, das heißt, wenn Sie sich nicht immer durch sofortige Bedürfnisbefriedigung ablenken lassen wollen, sollten Sie das, was Sie eigentlich tun sollten, mit einer Sache verbinden, die Sie gern tun – zum Beispiel Sport treiben und Filme schauen. Helfen kann es auch, wenn Sie spielerische und wettbewerbliche Elemente einbauen, zum Beispiel durch eine »Public Leaderboard« (öffentliche Bestenliste), die zeigt, wie viele Menschen Sport getrieben haben.
- Aufschieben: Um die Neigung zum Aufschieben zu verringern, heißt es die Trägheit zu überwinden. Hier ein paar Strategien:

1. sich öffentlich selbst verpflichten, damit es peinlich wird, wenn man untätig bleibt; 2. Automatismen einrichten, sodass man aus einer Tätigkeit, wie etwa Geld sparen zu wollen, extra aussteigen müsste, statt in sie einzusteigen; 3. ein Abkommen mit sich selbst schließen, demzufolge man etwas Abscheuliches tun muss, wenn man es nicht schafft; in meinem Fall etwa Geld an die Republikanische Partei spenden.

- Faulheit: Katy hat drei Empfehlungen, wie sich Faulheit bekämpfen lässt: 1. ein Serienziel setzen; zum Beispiel: wie viele Tage nacheinander schaffen Sie es, mindestens 1000 Wörter zu schreiben? 2. die Sache, die zu tun ist, mit bestehenden Gewohnheiten verbinden; etwa die Regel aufstellen, dass Surfen verboten ist, bevor Sie nicht mindestens 1000 Wörter geschrieben haben. 3. Reibungspunkte verringern; so könnte ich zum Beispiel meinen Computer so konfigurieren, dass beim Einschalten automatisch Word geöffnet wird, sodass ich sofort mit dem Schreiben beginnen kann.
- Unsicherheit: Um mangelndes Selbstvertrauen zu bekämpfen, können Sie drei Schritte unternehmen: 1. sich bei Rückschlägen und Misserfolgen »Dispens« gewähren. 2. im Kopf behalten, dass Menschen sich auch trotz Hindernissen ändern und verbessern können. 3. Mentor werden oder sich einer Selbsthilfegruppe anschließen, denn wenn man anderen hilft, kann das auch eigene Fortschritte fördern.
- Konformität: Die Kraft der Konformität bewirkt, dass Sie von den Menschen um Sie herum beeinflusst werden. Wenn Sie mit erfolgreichen Menschen verkehren, steigt die Wahrscheinlichkeit, dass Sie auch selbst erfolgreich werden. Wenn Sie mit erfolglosen Menschen verkehren, steigt die Wahrscheinlichkeit, dass Sie auch selbst erfolglos werden. Fazit: Suchen Sie sich Ihre Freundinnen und Freunde sorgfältig aus.

Das sind alles effektive Methoden zum Besiegen schlechter Gewohnheiten. Sie werden so zwar nicht augenblicklich in einen bemerkenswerten Menschen verwandelt, aber wer langsam fährt, kommt auch ans Ziel. Wenn Sie sich jeden Tag auch nur ein kleines bisschen verbessern, werden Sie am Ende durch das Gesamtergebnis belohnt.

Work Life Balance vergessen, lieber *Ikigai* denken

- → Sie möchten herausfinden, was der Überschneidungsbereich Ihrer Interessen, Ihrer Fähigkeiten und Ihrer Aktivitäten zum Geldverdienen ist.
- → Sie fragen sich, wie es um die Work-Life-Balance steht, wenn Sie versuchen, etwas zu bewirken.
- → Sie möchten weiter verschiedene Interessen erkunden, bis Sie das Lebensziel gefunden haben, das Sie motiviert.

Wenn Sie ein Leben suchen, in dem die Zeit für Arbeit, Privatleben und Familie in der Balance ist, müssen Sie vielleicht für ein großes, erfolgreiches Unternehmen arbeiten und hoffen, dass Sie Ihre Stelle nie verlieren. Wenn Sie bemerkenswert sein und etwas bewegen wollen, sehen Sie womöglich einem Leben ohne eine solche Balance und mit Jahren voller Mühen und Opfer entgegen.

Wenn Sie aber Ihr *Ikigai* finden, müssen Sie vielleicht gar nicht mehr über eine solche Balance nachdenken. *Ikigai* ist ein japanischer Ausdruck, der sich grob mit dem Lebenszweck oder der treibenden Kraft im Leben übersetzen lässt. Das Wort besteht aus zwei Teilen: *Iki* heißt Leben, und *Gai* heißt Wert oder Lohnendes.

Héctor García, der Autor von *Ikigai: The Japanese Secret to a Long and Happy Life,* hat mir dieses Konzept vorgestellt. In einer perfekten Welt ist Ihr *Ikigai* demnach der Überschneidungsbereich der Tätigkeiten, die Sie gern machen, die Sie gut machen und mit denen Sie Geld verdienen können.

Allerdings leben wir nicht in einer perfekten Welt. Daher halte ich es für eine bessere Definition zu sagen, *Ikigai* ist der Überschneidungsbereich der Tätigkeiten, die Sie gern tun, bei denen

Sie bereit sind, fleißig zu arbeiten, um sich zu verbessern, und bei deren Ausführung es Ihnen egal wäre, ob Sie dafür bezahlt werden.

Nach meiner Definition wären Schreiben und Podcasten meine zwei »Ikiguys«. Und Ihr *Ikigai* könnte zum Beispiel das Unterrichten sein, das Programmieren, Fotografieren, das Füllen von Löchern, Filmemachen, Möbelrestaurieren, das Entfernen von Plastik aus dem Meer oder das Herstellen von Samurai-Schwertern.

Als Beispiel soll hier dienen, wie Kelly Gibson, die zu meinen Lieblingsgästen zählt, ihre Lehrerkarriere im 2400-Einwohner-Ort Rogue River (Oregon) beschrieben hat:

> *Am Ende des Tages hat mein Lebenszweck anscheinend von früh an schon immer gelautet: »Ich möchte die Welt ein kleines bisschen besser machen. Ich möchte das Leben meiner Schülerinnen und Schüler besser funktionieren lassen, als es das täte, wenn ich nicht hätte da sein können, um Zeit und Energie auf sie zu verwenden.«*

Abbildung 5.8: Kelly Gibson bei der Arbeit mit Schülerinnen und Schülern an der Rogue River Junior/Senior High School 2023. *(Quelle: Kelly Gibson)*

Wenn Sie so über das sprechen, was Sie in Ihrem Leben machen, dann haben Sie Ihr *Ikigai* gefunden. Ich hoffe, auch Sie werden Ihres bald finden. Aber verzweifeln Sie nicht, wenn Ihnen das nicht gelingt. Es kann auch sein, dass nicht Sie Ihr *Ikigai* finden, sondern Ihr *Ikigai* findet Sie und wächst dann mit der Zeit.

Die Drecksarbeiten genießen

→ Sie möchten eine Arbeit finden, die Sie lieben, obwohl Sie dabei Drecksarbeiten machen müssen, die andere hassen.
→ Sie fragen sich, ob es ein Wettbewerbsvorteil für Sie ist, wenn Sie die Opfer gern bringen, die andere normalerweise lieber meiden.
→ Sie glauben, wenn bei Ihnen Drecksarbeiten Ihre Beharrlichkeit fördern, dann bedeutet das, dass Sie Ihr *Ikigai* gefunden haben.

Der Test, mit dem Sie in der wirklichen Welt erkennen können, ob Sie Ihr *Ikigai* gefunden haben, stammt von Mark Manson, dem Autor des Buchs *The Subtle Art of Not Giving a F*ck: A Counterintuitive Approach to Living a Good Life*. Er hat mir erzählt, man habe seine Berufung gefunden, wenn man auch die Drecksarbeit genießt, die dazugehört.

Das heißt, Sie machen gern, was die meisten anderen als Drecksarbeit betrachten. Beim Schreiben ist die Drecksarbeit, dass man den Text immer und immer wieder umschreiben und überarbeiten muss. Ich habe bei jedem Buch hunderte von Stunden damit zugebracht. (Der Abschnitt »Mahalo« am Ende dieses Buchs enthält eine Liste aller Orte, an denen ich für dieses Buch gearbeitet habe.)

Hier die Lehre von der Drecksarbeit nach Mark. Wie mir scheint, mögen wir beide so ziemlich die gleiche Art von Drecksarbeit:

> *Ich ziehe irgendwie ein krankes Vergnügen daraus, ein und denselben Absatz siebenmal umzuschreiben. Den meisten Menschen geht das nicht so, aber das ist auch genau der Grund,*

warum ich Autor bin und die anderen nicht. Es gibt andere Menschen, die richtig, richtig Spaß an Tabellen haben. Und das ist dann auch der Grund, warum sie Buchhalter sind oder Datenanalysten oder was weiß ich.

Statt an die Vorteile, die Sie gern hätten, sollten Sie also lieber an die Opfer denken, die Sie gern bringen würden … was andere Leute nicht tun würden, denn genau hier liegt Ihr Wettbewerbsvorteil.

Ich hoffe, Sie werden sich eines Tages fragen: »Warum mache ich gern, was meine Freunde für Drecksarbeit halten?« Oder jemand fragt Sie bewundernd: »Warum machst du bloß diese ganze Drecksarbeit?« Denn das ist der Tag, an dem sich Ihr *Ikigai* offenbart. Und das meine ich im positivsten Sinne: Ihre Beharrlichkeit hat sich dem Dreck zugewandt.

Nicht diskutieren, einfach machen

→ Sie brauchen Daumenregeln für Ihre normalen Tagesaufgaben.
→ Sie haben nicht die Zeit oder die Energie, alles selbst zu optimieren, was Sie tun.
→ Sie mögen Listen und klare Anweisungen.

Hier folgen meine Tipps für die typischen Tagesarbeiten in einer beruflichen Karriere. Wenn Sie diese Aufgaben gut bewältigen, wachsen Ihre Erfolgsaussichten und in der Folge auch Ihr Selbstvertrauen. Ich könnte diese Tipps alle auch im Einzelnen näher erläutern, aber wenn Sie bis hierhin gelesen haben, nehme ich doch an, dass Sie mir auch einfach glauben werden ☺

Social Media:

- Sagen Sie Positives oder sagen Sie nichts.
- Gehen Sie davon aus, dass jeder Post auf jeder Plattform von jedem gesehen wird.
- Versuchen Sie nicht, die Meinung anderer Leute zu ändern.

LinkedIn:

- Vervollständigen Sie Ihr Profil – wenn Sie nicht auf LinkedIn sind, existieren Sie nicht.
- Versuchen Sie nichts zu verkaufen.
- Offenbaren Sie nie, dass Sie »auf der Suche nach neuen Chancen« sind.

Online-Konferenzen:

- Verwenden Sie eine externe Kamera und ein externes Mikro.
- Bringen Sie die Kamera über Augenhöhe an.
- Platzieren Sie Lichtquellen vor sich.

E-Mail:

- Formulieren Sie den Betreff spannend; Maximum: fünf Wörter.
- Schreiben Sie fünf Sätze oder weniger; in dieser Reihenfolge: Was Sie wollen; wer Sie sind; warum die Empfänger zustimmen sollen; bis wann Sie die Erledigung brauchen; was der nächste Schritt ist.
- Fügen Sie eine Signatur hinzu, mit: Ihrem Namen, Ihrem Unternehmen, Ihrer E-Mail-Adresse und Ihrer Handynummer.

Reden halten:

- Machen Sie eine Runde durch die Menge, bevor Sie auf die Bühne gehen.
- Unterrichten, nicht verkaufen.
- Verwenden Sie in 20 Minuten zehn Folien in mindestens 30-Punkt-Schrift.

Werbepräsentationen:

- Erklären Sie in den ersten zwei Minuten, was Sie machen.
- Bauen Sie eine Story und eine Demonstration ein.
- Verwenden Sie in 20 Minuten zehn Folien in mindestens 30-Punkt-Schrift.

Persönliche Begegnungen:

- Machen Sie sich handschriftliche Notizen.
- Wiederholen Sie, um zu bestätigen, was Sie gehört haben.
- Fassen Sie in weniger als 36 Stunden nach.

Produktdemonstrationen:

- Zeigen Sie das »Wie«, nicht das »Was«.
- Verführen, nicht einprügeln.
- Abhängigkeit vom Internetzugang reduzieren oder eliminieren.

Nach oben in der Hierarchie:

- Lassen Sie Ihre Chefin oder Ihren Chef gut aussehen.
- Machen Sie sich unentbehrlich.
- Tragen Sie Lösungen vor, keine Probleme und Fragen.

Nach unten in der Hierarchie:

- Befähigen Sie Ihre Leute, hervorragende Arbeit zu machen.
- Stehen Sie ihnen nicht im Wege.
- Bitten Sie Mitarbeiter nicht, Dinge zu tun, die Sie selbst nicht tun würden.

Schreiben:

- Schreiben Sie jeden Tag eine Seite.
- Verwenden Sie die Aktivform. Beispielsweise ist »ich reite eine Welle« besser als »eine Welle wird von mir geritten«.
- Verwenden Sie Storys, Vergleiche und Bilder – nicht Adjektive und Adverbien.

Auf dieser Welt des beständigen Wandels kann die Fähigkeit, schnell und intelligent zu reagieren, den entscheidenden Unterschied ausmachen. Vertrauen Sie auf meine Erfahrung und lassen Sie sich von diesen kleinen Weisheiten in Richtung Effizienz und Effektivität geleiten. Nicht diskutieren, einfach machen!

Entscheidungen richtig treffen

- → Sie machen sich ganz viele Gedanken, wie Sie die perfekte Entscheidung treffen können.
- → Sie meinen, die Entscheidung sei das Schwierige, die Umsetzung dagegen leicht.
- → Sie haben erkannt, dass es so etwas wie die perfekte Entscheidung nicht gibt.

An meinem Geburtstag im August 2023 habe ich Ellen Langer interviewt, Professorin für Psychologie an der Harvard University. Sie ist die Autorin von *The Mindful Body* und acht weiteren Büchern und gilt als die »Mutter der Achtsamkeit«.

In der Mitte unseres 90-minütigen Gesprächs ließ sie ein Juwel von einer Bemerkung fallen, das tiefen Eindruck auf mein Denken gemacht hat:

> *Wir denken, Entscheidungen sollten wie folgt getroffen werden: Man weiß, was passieren wird, was an den verschiedenen Ergebnissen gut oder schlecht ist; man rechnet das Ganze dann auf komplizierte Weise zusammen; und dann macht man das, was diese Kosten-Nutzen-Analyse einem nahelegt.*
>
> *Falsch! Niemand macht das so. Es hat keinen Sinn, das so zu machen …*
>
> *Und was ist das Fazit? Da man nicht die richtige Entscheidung treffen kann, muss man eben die Entscheidung richtig treffen.*

Was sie damit sagt, ist, dass man zwar sorgfältige Entscheidungen treffen soll, dass aber »perfekte« Entscheidungen auf Basis aller Variablen, bekannter wie unbekannter, eine Illusion sind. Also: Geben Sie Ihr Bestes, konzentrieren Sie sich darauf, Ihre Entscheidung richtig zu treffen, und schauen Sie nicht zurück. Bemerkenswerte Menschen kriegen ihre Sachen erledigt. Sie stellen sich nicht selbst infrage.

Weiterführende Literatur

Cameron, Julia. *The Artist's Way: A Spiritual Path to Higher Creativity* (deutsch: *Der Weg des Künstlers: Ein spiritueller Pfad zur Aktivierung unserer Kreativität*).

Delbourg-Delphis, Marylène. *Beyond Eureka! The Rocky Roads to Innovating.*

Duckworth, Angela. *Grit: The Power of Passion and Perseverance* (deutsch: *Grit – Die neue Formel zum Erfolg: Mit Begeisterung und Ausdauer ans Ziel*).

Fogg, B. J. *Tiny Habits: The Small Changes That Change Everything* (deutsch: *Die Tiny-Habits®-Methode: Kleine Schritte, große Wirkung*).

García, Héctor. *Ikigai: The Japanese Secret to a Long and Happy Life.*

Manson, Mark. *The Subtle Art of Not Giving a F*ck: A Counterintuitive Approach to Living a Good Life.*

Milkman, Katy. *How to Change: The Science of Getting from Where You Are to Where You Want to Be.*

O'Mara, Margaret. *The Code: Silicon Valley and the Remaking of America.*

Rubin, Rick. *The Creative Act: A Way of Being* (deutsch: *Kreativ: Die Kunst zu sein*).

Ueland, Brenda. *If You Want to Write: A Book about Art, Independence and Spirit* (deutsch: *Die Lust zu schreiben*).

6 Träume verkaufen

»Ein Traum, den man allein träumt, ist nur ein Traum. Ein Traum, den man gemeinsam träumt, ist Wirklichkeit.«
John Lennon

Einen Fuß in die Tür bekommen

- → Sie möchten ein besseres Verständnis des Verkaufsprozesses erlangen.
- → Sie wollen sich über den Zweck eines Verkaufsgesprächs klar werden.
- → Sie suchen Rat, wie Sie Ihren Fuß in die Tür bekommen können.

Ich habe in meiner Zeit hunderte von Verkaufspräsentationen und Angeboten über mich ergehen lassen – vom Werben für einen Verkauf über das Werben um Geld und das Werben um eine Partnerschaft bis hin zum Bewerben um einen Job. Viele machen hier den Fehler zu denken, es gehe bei einer solchen Verkaufspräsentation um einen sofortigen Verkauf, eine sofortige Investition, ein sofortiges Angebot, eine sofortige Annahme.

Falsch. Falsch. Falsch. Falsch. Der Zweck der meisten Verkaufspräsentationen besteht vielmehr darin zu vermeiden, dass man aus dem Spiel ausgeschlossen wird – erst danach folgen normalerweise weitere Bemühungen, Gespräche und Diskussionen. Eine sofortige Annahme und Zustimmung habe ich selten gesehen, auch dann nicht, wenn die Leute auf die Schock-Methode gesetzt haben, um ihre Abschlüsse zu erzielen.

Temple Grandin, die Rinderflüsterin und visuell denkende Professorin der Colorado State University, empfiehlt eine »30-sekündige Verkaufspräsentation mit Wow-Effekt«, die *zeigt,* was Sie können, sodass Sie gar nicht erst *erklären* müssen, was Sie können. Das heißt,

Sie präsentieren das Portfolio Ihrer Arbeitsproben, Diagramme, Fotos und Zeugnisse in etwa der gleichen Länge, wie sie ein Werbespot beim Super Bowl hat. Wenn Sie bei den Leuten in diesen 30 Sekunden durch den Nachweis Ihrer Kompetenz einen Wow-Effekt auslösen, spielt es auch keine Rolle mehr, wenn Sie womöglich keinen »guten« Ausbildungs-Background und keine Arbeitserfahrung aufweisen können.

Abbildung 6.1 zeigt zum Beispiel ein Diagramm von Temple Grandin, das bei mir einen Wow-Effekt auslösen würde, wenn ich auf der Suche nach einer Person wäre, die mir beim Entwerfen einer Ranch hilft, und das mich veranlassen würde, die Diskussion mit dieser Person fortzusetzen, die somit ihren Fuß in die Tür bekommen hätte.

Auch für Verkäufe an Konsumenten gilt dieses Prinzip. Der amerikanische Brillen- und Kontaktlinsen-Hersteller Warby Parker ermöglicht es seinen Kunden, Brillengestelle auf drei bemerkenswerte Arten auszuprobieren:

- Auf die Website gehen, Gestelle aussuchen, Kamera des eigenen Computers einschalten und die Gestelle dann aufs eigene Gesicht eingeblendet sehen.
- Die Smartphone-App herunterladen, Gestelle auswählen und die Gestelle dann aufs eigene Gesicht eingeblendet sehen.
- Fünf Gestelle fünf Tage lang ausprobieren. Warby Parker sendet die Gestelle nach Hause und bezahlt das Porto in beide Richtungen.

Der Zweck einer Verkaufspräsentation ist es, durch die Tür gelassen zu werden und zu verhindern, dass die Tür geschlossen wird. Solange Sie nicht ausgesperrt werden, bleiben Sie im Rennen und haben die Chance zu konkurrieren, bis Sie als Letzter übriggeblieben sind. In diesem Fall heißt es in meinem Buch, dass Sie »gewonnen« haben.

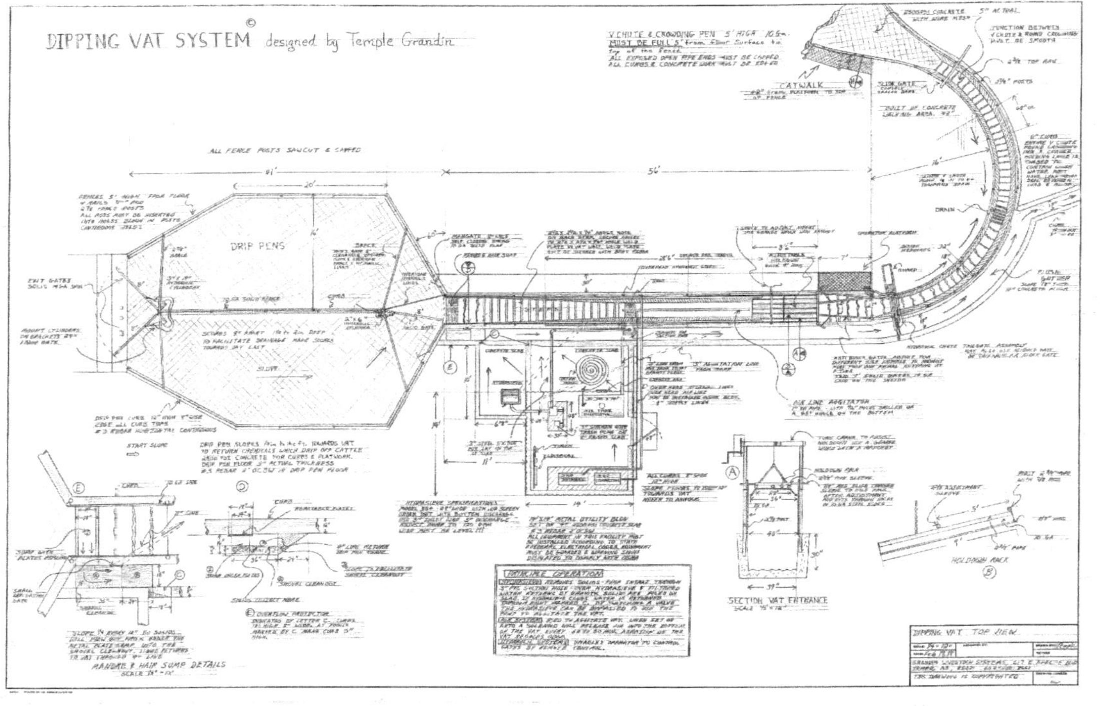

Abbildung 6.1: Temple Grandins Entwurf einer Viehtauchanlage. Ein Beispiel für eine »30-sekündige Verkaufspräsentation mit Wow-Effekt«. Gezeichnet hat sie das Ganze von Hand statt mithilfe einer Computer-Aided-Design-Software.

Abbildung 6.2: Beispiele, wie Madisun Nuismer und meine Tochter Warby-Parker-Brillen virtuell anprobieren und das Unternehmen damit »einen Fuß in die Tür bekommen« lassen – beziehungsweise »ein Gestell auf die Nase«. Was meinen Sie? Welches sollen sie bestellen? *(Quelle: Madisun Nuismer und Nohemi Kawasaki)*

Erstnutzer finden

- → Sie fragen sich, wie man vom Spinner zum Innovator wird.
- → Sie möchten herausfinden, wie Sie es schaffen, dass mehr Menschen an Ihr Vorhaben glauben.
- → Sie würden gern einen begrifflichen Rahmen für das Propagieren neuer Ideen erlernen.

Derek Sivers hat im Februar 2010 eines der größten Marketing-Videos alles Zeiten erschaffen. In seinem TED-Talk zeigte Derek, wie ein Typ mit freiem Oberkörper beim Musikfestival Sasquatch! 2009 auf bemerkenswerte Weise wildfremde Menschen in eine Menge von Personen verwandelt, die alle gemeinsam tanzen.

Abbildung 6.3: Der »tanzende Typ«, wie er vom einzelnen Spinner zum Teil einer ganzen Menschenmenge wird. *(Quelle: Derek Sivers)*

Gehen Sie mal auf YouTube und sehen Sie sich »First Follower: Leadership Lessons from Dancing Guy« an; und jetzt analysieren wir, was wir daraus lernen können:

- Der »Innovator« muss bereit sein, sich als Erstnutzer (»Early Adopter«) lächerlich zu machen.
- Was der Innovator tut, ist im Idealfall leicht nachzumachen und anzuwenden.
- Die erste Person, die ihm folgt, verwandelt den Spinner in einen Anführer.
- Die zweite Person, die ihm folgt, macht aus dem Innovator und seinem ersten Follower anstelle von zwei Spinnern eine Gruppe.
- Die Gruppe verwandelt die Aktivität in eine allgemein akzeptierte Massentätigkeit.

Es wird Zeiten geben, da werden Sie sich fühlen wie dieser Typ, der da mit freiem Oberkörper tanzt, und je innovativer Ihre Idee ist, desto lächerlicher werden Sie sich womöglich fühlen. Das ist der Preis, wenn man bemerkenswert werden will. Aber sobald Sie ein paar Erstnutzer bekehrt haben, wird es immer leichter, den eigenen Traum zu verkaufen.

Bis 2023 hatten übrigens schon mehr als zehn Millionen Menschen Dereks Video gesehen. Hier folgt Dereks Erläuterung der Hintergrundgeschichte zu seiner Vorführung, die Ihnen begreiflich machen wird, dass hinter jeder tollen Präsentation wahrscheinlich eine Person steht, die Höllenängste aussteht:

> *Diesen Vortrag zu halten war entsetzlich für mich. Ich weiß, als ich mir die Aufnahme hinterher angehört habe, klang ich relativ normal, aber die Sache ist die: Bei TED sind keine Notizen zugelassen, und bei diesem Talk über die ersten Follower musste jeder Satz perfekt aufs Video abgestimmt sein.*
>
> *Also musste ich das Ganze Wort für Wort auswendig lernen. Wenn ich einen Satz auslasse, passt alles nicht mehr zusammen. Es war ein dreieinhalbminütiger Monolog, den ich Wort für Wort auswendig lernen musste, was schon schwierig genug war.*

Okay, jeder, der schon mal an einer Schulaufführung oder so mitgewirkt hat, hat so etwas auch schon mal geschafft. Aber das Ganze jetzt bei TED, und zwar nicht etwa bei TEDx, sondern auf der Hauptbühne, wo auch Bill Gates ist! Wo die ganzen Google-Leute sind. Wo Bill Joy ist. Meine Güte, wo diese ganzen genialen Leute sind, und da soll ich jetzt hoch und denen was erzählen.

Ich habe diesen Vortrag gehalten, aber meine stärkste Erinnerung daran ist, wie verängstigt ich war, oder nicht mal irgendwie rational verängstigt, sondern mein ganzer Körper war völlig durchgedreht, als ich diesen Vortrag gehalten habe.

Und dann komme ich von der Bühne runter und habe da dieses wahnsinnige Erlebnis, dass Peter Gabriel zu mir kommt und sagt: »Genialer Vortrag! Das Beste, was ich seit Jahren gesehen habe! Absolut grandios, fundiert und packend und prägnant, einfach genial!«

Derek war völlig »verängstigt«, wie es viele Menschen sind, wenn sie eine Rede halten sollen. Aber Derek ließ sich durch seine Angst nicht lähmen. Er stand das Ganze durch und lieferte eine bemerkenswerte Präsentation ab, was uns ein paar wichtige Dinge lehrt.

Bis Sie Ihre Gefolgsleute Nummer eins und zwei haben, werden Sie womöglich als einsamer Spinner dastehen. Tun Sie alles, um Ihre Gefolgsleute zu gewinnen, denn anschließend nimmt Ihre Glaubwürdigkeit nach und nach immer mehr zu. Einsame Spinner sind normalerweise nicht bemerkenswert und tragen auch nicht dazu bei, die Welt zu verbessern – allerdings können Sie die Welt definitiv verschlimmern.

Bobs Lehren begreifen

- → Sie möchten Verfahren erlernen, wie Sie Menschen beeinflussen und überzeugen können.
- → Sie möchten Strategien wie Liebenswürdigkeit, Überzeugen und Zusammengehörigkeit erlernen.
- → Sie möchten die Gunst anderer durch Selbstlosigkeit und Aufgeschlossenheit gewinnen.

Bob Cialdini ist die Koryphäe auf dem Gebiet der Beeinflussung und Überzeugungsarbeit. Wie Brenda Ueland und Carol Dweck war er ein ganz wichtiger Faktor in meiner Karriere. Hier meine Lieblings-Cialdini-ismen, die Ihnen dazu verhelfen werden, dass Ihre Ideen schneller aufgegriffen werden:

- Die Menschen dazu bringen, Sie zu mögen: Wie einflussreich und überzeugend finden Sie Menschen, die Sie nicht mögen? Ende. Der. Diskussion. Machen Sie sich sympathisch, wenn Sie Ihre Träume verkaufen wollen!
- Auf Angehörige der eigenen Gruppe setzen: Angehörige der eigenen Gruppe sind oft eine vertrauenswürdige Informationsquelle (im Unterschied zu Influencern, bei denen es sich oft um Auftragstäter handelt). Wenn Ihnen Angehörige Ihrer Gruppe beispielsweise ein Buch empfehlen, wird Sie das womöglich überzeugen, es zu lesen.
- In Vorleistung treten: Hier handelt es sich um das Konzept, anderen Menschen zu helfen, bevor Sie selbst etwas von ihnen wollen. Ich empfehle, aufs Karma zu vertrauen und einer großen Bandbreite von Menschen zu helfen. Im Idealfall helfen Sie Menschen einfach aufgrund der Freude, die Welt ein wenig netter und freundlicher zu machen.
- Um Gegenleistung bitten: Helfen Sie ruhig aus Freude am Helfen, aber es ist auch nichts dabei, im Gegenzug um einen Gefallen zu bitten. Das kann sogar optimal sein, denn es ermöglicht den Menschen, sich für eine Gunst zu revanchieren und sich dann besser zu fühlen, wenn sie Sie noch mal um etwas bitten, was wiederum zu besseren Beziehungen führt.
- Gesellschaftliche Belege liefern: Die Menschen möchten gern gesellschaftlichen Normen entsprechen. Wenn die Menschen beispielsweise sehen, dass viele andere Menschen eine Ware oder Dienstleistung nutzen, werden sie sich dafür interessieren. Als die Leute um 2002 immer mehr weiße iPod-Ohrhörer sahen, wurde jeder Widerstand zwecklos.
- Fachkompetenz demonstrieren: Als Joe Roberson, mein bemerkenswerter Hals-Nasen-Ohren-Arzt, und Dana Suskind,

Leiterin des Pediatric Hearing Loss and Cochlear Implant Program der Medizinischen Fakultät der University of Chicago, mir sagten, dass ein Cochlea-Implantat mein Leben verändern würde, bin ich aufgrund ihrer Fachkompetenz sofort auf den Operationstisch gesprungen.

- Knappheit demonstrieren: Wenn die Menschen denken, es gebe von einer bestimmten Sache nur eine begrenzte Menge, erscheint sie ihnen wertvoller. So stand beispielsweise nur eine begrenzte Zahl an G-Mail-Accounts zur Verfügung, als Google diesen E-Mail-Dienst einführte. Die Knappheit ist zwar oft auch dummes Zeug – wie etwa bei der Mengenbegrenzung von NFT-Kunstwerken –, aber der psychologische Effekt ist real.
- Zusagen und Konsequenz ausnutzen: Die Menschen halten gern Zusagen, die sie gemacht haben, und stehen gern konsequent zu dem, was sie angekündigt haben. Aus diesem Grund fordern Organisationen ihre Unterstützer am Ende einer Rekrutierungskampagne auch dazu auf, ein Versprechen abzugeben oder ein Dokument zu unterzeichnen.
- Auf Zusammengehörigkeitsgefühle setzen: Die meisten Menschen möchten Teil einer Gemeinschaft sein und Gemeinsamkeiten teilen. Dabei kann es sich um etwas Albernes handeln wie das gemeinsame Tanzen auf einer Wiese oder um etwas so Wichtiges wie bei den Aktivistinnen der #Me-Too-Bewegung; jedenfalls ist die Förderung von Zusammengehörigkeitsgefühl eine höchst wirkungsvolle Möglichkeit, Unterstützung zu gewinnen. So bestand zum Beispiel der Reiz von Macintosh-User-Groups zum großen Teil darin, dass man hier von Menschen umgeben war, die eine ähnliche Begeisterung für den besten Computer der Welt teilten.
- Einen Trend demonstrieren: Bob hat mir erzählt, dass die Menschen Daten extrapolieren, weshalb es sehr wirkungsvoll ist, einen Trend zu demonstrieren. Eine einzelne Datenangabe ist bei Weitem nicht so wirkungsvoll. So kann beispielsweise ein Marktanteil von 10 % zwar eine gewaltige Leistung sein, aber es wirkt noch weit besser, wenn Sie sagen: »Im ersten Jahr hatten

wir 3 %. Im zweiten Jahr waren es 5 %. Und im dritten Jahr 10 %.« Die Menschen werden dann annehmen, Ihr Marktanteil werde immer weiter wachsen.

- Hilfe für andere über Hilfe für die eigene Person stellen: Es ist eine effektive Methode, zu zeigen, dass man Unterstützung nicht für sich selbst sucht, sondern für andere. So fällt es den Menschen zum Beispiel schwer, die Bitte, Kindern zu helfen, abzulehnen. Die Person, die fragt, ist ihnen vielleicht nicht wichtig, Kinder im Allgemeinen sind es aber schon.
- Auf überzeugte Bekehrte setzen: Statt die Menschen mit Daten zu überschwemmen, ist es oft wirkungsvoller, auf das Beispiel überzeugter Bekehrter zu verweisen, wenn Meinungen geändert werden sollen. C. P. Ellis, früher ein »Exalted Cyclops« im Ku-Klux-Klan, entwickelte eine Beziehung zur schwarzen Aktivistin Ann Atwater und erlebte in der Folge einen Sinneswandel in Bezug auf Schwarze. Dieses Ereignis fand Ende der 1960er-Jahre in Durham (North Carolina) statt und illustriert wirkungsvoll, wie Beziehungen die Menschen verändern können, wenn sie einander näher kennenlernen.

Bob ist in Bezug auf Überzeugungsarbeit und Beeinflussung das, was Carol Dweck in Bezug aufs Wachstumsdenken ist. Ich habe seine Prinzipien und Ideen hunderte von Malen angewandt und hätte ohne diese viele meiner Ziele nicht erreicht. Daher: Versuchen Sie es doch bitte mal mit seinen Strategien!

Gemeinsamkeiten finden

→ Sie möchten Verbindungen zu anderen Menschen herstellen und Gemeinsamkeiten finden.
→ Sie beabsichtigen, andere mithilfe gemeinsamer Interessen zu überzeugen und zu beeinflussen.
→ Sie wollen Freundschaften knüpfen, auch mit Menschen, die andere Ansichten vertreten.

Ich habe einmal vor einer Macintosh-User-Group in Mobile (Alabama) gesprochen, und ein Weißer hat zu mir gesagt: »Weißt du, Guy-ya, ich bin für die Sklaverei zu spät und für Roboter zu früh geboren.«

Ich habe gelacht, als er das sagte, aber bei mir habe ich gedacht: »Ich bin zwar nicht schwarz, aber weiß bin ich eigentlich auch nicht. Im Zweiten Weltkrieg haben deine Leute meine Leute in Internierungslager gesteckt.« Wäre nicht unsere gemeinsame Begeisterung für Macintosh gewesen, wäre unser Treffen womöglich weniger freundlich ausgefallen.

Wenn Sie etwas bewegen und bemerkenswert werden wollen, müssen Sie Beziehungen aufbauen und Menschen überzeugen. Sie haben die Wahl: Sie können sich darauf konzentrieren, was Sie trennt, oder Sie können sich darauf konzentrieren, welche Interessen Sie gemeinsam haben, und eine Verbindung herstellen. Ich garantiere Ihnen, mit ein klein wenig Anstrengung können Sie bei fast jedem etwas finden, was Sie gemeinsam haben.

Und so geht's:

- Mit den Basics beginnen: Essen, Wetter, Verkehr, Familie geht immer. Denn wer mag wohl keine Grillparty, kein schönes Wetter, keinen flüssigen Verkehr, keine Kinder? (Okay, Grillparty könnte etwas riskant sein, falls einer von Ihnen Vegetarier ist. Ich gebe zu, wenn ich mit Jane Goodall spreche, erwähne ich auch nicht, was für tolle Rippchen ich neulich gegessen habe.)
- Die Kraft der Beobachtung einspannen: Achten Sie darauf, wie sich die Person kleidet, welchen Computer oder welches Handy sie benutzt, welche Bücher sie liest. In aller Regel lässt sich etwas beobachten, was dazu taugt, ein Gespräch in Gang zu bringen.
- Hausaufgaben machen: Schande über Ihr Haupt, wenn Sie vor einem Treffen nicht versuchen, über LinkedIn, einen Chatbot, eine Suchmaschine und Social-Media-Plattformen etwas über die betreffende Person in Erfahrung zu bringen. Diese Instrumente machen es lächerlich einfach, Gemeinsamkeiten mit den meisten Menschen herauszufinden.

Halten Sie Ihren Blick fest aufs Ziel gerichtet. Und dieses Ziel ist, Ihrer Ware, Dienstleistung, Organisation oder Idee zum Erfolg zu verhelfen; nicht, einen Kreis homogener Bekannter zu schaffen. Konzentrieren Sie sich aufs große Ganze und lernen Sie den Rest zu ignorieren.

Sollten wir uns einmal treffen, dürfen Sie mich gern nach Grillpartys, Surfen, Podcasts und Macintosh fragen. Dann werden wir unser Gespräch fast mit Sicherheit als gute Freunde beenden. Aber erzählen Sie mir bitte nicht, dass sie *Rich Dad, Poor Dad* gern gelesen haben oder dass Ihnen meine Motorräder gefallen.

Gute Storys erzählen

→ Sie möchten Geschichten erzählen, um mit anderen in Kontakt zu kommen.
→ Sie würden gern wissen, wie man gute Geschichten erzählt.
→ Sie fragen sich, wie die Wirkung von Geschichten gegenüber der Wirkung von Fakten zu beurteilen ist.

David Aaker, die Koryphäe auf dem Gebiet des Markenwerts, preist die Vorzüge des Geschichtenerzählens als Methode, Unterstützung zu gewinnen: Storys sind leichter zu erzählen und zu erinnern. Außerdem ist es schwierig, Geschichten zu widerlegen.

Bei Fakten tun sich demgegenüber zwei Probleme auf. Erstens ist es schwer, Fakten so zu kommunizieren, dass sie in Erinnerung bleiben. Zweitens können Ihre Gesprächspartner leicht widersprüchliche Fakten anführen, denn ein regelrechtes »Schwarz oder Weiß« gibt es nur bei wenigen Themen.

Aaker liefert die folgende Blaupause für eine gute Story:

- Einen Spannungsbogen liefern: Gute Storys sind kurz und haben klar erkennbar einen Anfang, einen Mittelteil und ein Ende. Mit diesen Merkmalen sind Geschichten leichter zu verstehen und zu erinnern. Hilfreich ist, wenn die Story dann auch noch ein überraschendes Ende hat.

- Authentisch sein: Gute Storys klingen echt und verlangen keinen unerhörten Vertrauensvorschuss. Sie passen zu Ihrer Ware oder Dienstleistung und unterlegen Ihr Marketing und Ihre Markenwahl mit Substanz.
- Aufmerksamkeit erregen: Der Verlauf Ihrer Story muss spannend, interessant und faszinierend sein. Wie Aaker sagt: »Wenn die Aufmerksamkeit fehlt, ist alles andere egal.« Ich würde empfehlen, »Passepartout«-Adjektive wie »lustig« zu vermeiden und stattdessen lieber Vergleiche und Bilder zu verwenden. Beispiel: »Sie ist so witzig wie George Takei« ist wirkungsvoller als »Sie ist lustig«.
- Starke Emotionen hervorrufen: Was Geschichten interessant und erzählenswert macht, ist, dass sie starke Emotionen hervorrufen, etwa Liebe, Hoffnung, Trauer, Freude, Neid und Wut.
- Eine einfache, bedeutsame Lehre vermitteln: Schauen Sie sich diese Fabel von Äsop an: Ein Löwe lässt einer Maus das Leben. Später verfängt sich der Löwe in einem Netz, und die Maus rettet ihn, indem sie das Netz durchknabbert. Lehre: Sei zu allen nett, denn du weißt nie, wer dir später einmal helfen könnte.

Schauen Sie sich an, was für einen Einfluss Geschichten haben können. Nehmen Sie zum Beispiel die Geschichte von einem 16-jährigen Mitarbeiter der Kaufhauskette Nordstrom namens Craig Trounce, der 1975 einem Kunden 25 Dollar erstattete, weil dieser mit Reifen, die er gekauft hatte, unzufrieden war.

Die Story ist legendär, weil der Kunde die Reifen eigentlich beim früheren Besitzer des Gebäudes gekauft hatte; Nordstrom hatte das Gebäude inzwischen zwar übernommen, ihm die Reifen aber gar nicht verkauft. Trotzdem hatte sich Trounce entschieden, alles zu tun, um den Kunden zufriedenzustellen.

Diese Story ist doch fesselnder als jeder quantitative »Kundenzufriedenheits-Score« oder jede Marketingkampagne.

Das Ganze illustriert, wie eine gute Story ein wirkungsvolles Instrument für bemerkenswerte Menschen und Unternehmen sein kann.

Die Architektur offen gestalten

→ Sie möchten erkunden, wie eine Kombination mit anderen Produkten zum Erfolg führen kann.
→ Sie wollen die Vor- und Nachteile dieses Verfahrens abwägen.
→ Sie fragen sich, wie Sie sich letztlich zwischen einer offenen und einer geschlossenen Architektur entscheiden sollen.

Hier handelt es sich um technischen Jargon für das Herstellen von Waren und Dienstleistungen, die andere Organisationen durch weitere Features und Funktionen ergänzen und verbessern können. Das ermöglicht diesen anderen Organisationen nicht nur, sich in Ihren Traum einzukaufen, sondern auch, ihre eigenen Produkte in Ihren Traum zu integrieren.

Als Sony beispielsweise die Alpha-Serie spiegelloser Kameras einführte, bestand die anfängliche Schwäche in einem Mangel an unterschiedlichen Objektiven. Sony verfügte nicht über die Ressourcen, um sowohl neue Kameras als auch die benötigten Objektive herzustellen.

Sony unterstützte jedoch die Bemühungen anderer Unternehmen, kompatible Objektive herzustellen. Und 2023 war die Verfügbarkeit kompatibler Objektive von Firmen wie Tamron und Sigma dann ein Grund, Sony-Kameras zu kaufen statt Canon- oder Nikon-Kameras.

Eine solche offene Architektur bringt jedoch auch zusätzliche Arbeit mit sich und erfordert ein Bekenntnis zum großen Ganzen:

- Der Kuchen wird geteilt, um einen noch größeren Kuchen backen zu können: Sony verzichtet auf Einnahmen aus dem Verkauf von Objektiven, indem Tamron und Sigma gestattet wird, Sony-kompatible Objektive zu verkaufen.

- Es muss dokumentiert werden, wie Ihre Ware oder Dienstleistung auf der grundlegenden Ebene funktioniert, damit das auch andere verstehen und kompatible Produkte herstellen können.
- Externen Parteien muss Unterstützung gewährt werden, damit sie bei den technischen Anforderungen für den Bau kompatibler Produkte auf den aktuellen Stand kommen.

Es gibt auch Argumente für eine geschlossene Architektur. In diesem Szenario würde ein Kamerahersteller es nicht ermöglichen, dass andere Produkte mit seiner Kamera funktionieren. Damit würde er seine eigenen Einnahmen maximieren. Und die Kontrolle über das gesamte System kann auch eine bessere Integration und ein reibungsloseres Kundenerlebnis bedeuten.

Ich selbst favorisiere eine offene Architektur, aber funktionieren können beide Methoden. Und es können auch beide gleichzeitig funktionieren. So sind die Apple-Computer zum Beispiel »geschlossen« für die meisten Veränderungen an ihrer Hardware, aber die App-Stores von iOS und Macintosh sind »offen« für die Entwickler von Apps.

Tausende von Apps, die von solchen Entwicklern erschaffen wurden, haben die Funktionalität von Apple-Produkten erhöht. Meine Erfahrung bei Apple hat mich gelehrt, dass eine offene Architektur eine effektive Methode ist, um andere für das eigene Team zu rekrutieren, die eigene Vision zu verbreiten und Erfolg zu haben.

Kein »Nein« hören

- → Sie möchten Ablehnungen als vorübergehenden Rückschlag wahrnehmen, nicht als dauerhafte Weigerung.
- → Sie wollen negative Reaktionen nicht verallgemeinern, sondern jedes »Nein« als isolierten Fall betrachten.
- → Sie fragen sich, wie Sie Weigerungen so umdeuten können, dass sie zur Motivation werden, letztlich ein »Ja« daraus zu machen.

Meine Freundin Shellye Archambeau, die *Unapologetically Ambitious* geschrieben hat, hat bei ihrem Aufstieg in der amerikanischen Unternehmenswelt nie ein »Nein« als Antwort gehört. Mag sein, dass da mal jemand Nein gesagt hat, aber Shellye hat immer »Noch nicht« oder »Im Moment nicht« verstanden. Kann sogar sein, dass sie »Ja, wenn« verstanden hat. Mit Sicherheit hat sie nie verstanden: »Im Moment nicht und auch nicht irgendwann später und hauen Sie ab.« Diese Art von Beharrlichkeit und Unempfindlichkeit gegenüber Verletzungen ist erforderlich, wenn Sie bemerkenswert werden und etwas bewirken wollen. Geben Sie also nicht auf!

Verallgemeinern Sie negative Reaktionen auch nicht. Wenn Ihnen ein Unternehmen keine Stelle anbietet, sollten Sie zum Beispiel nicht daraus folgern, dass Sie nie eine Stelle finden würden. Oder wenn eine Hochschule Sie ablehnt, heißt das nicht, dass Sie von keiner einzigen Hochschule zugelassen werden würden.

Das gilt auch besonders für die Beschaffung von Venture Capital. Melanie Perkins, die CEO von Canva, hat das Unternehmen in einem Zeitraum von drei Jahren bei 300 Venture-Capital-Gebern präsentiert, bevor endlich einer Ja gesagt hat. Hätte sie es nach den ersten 299 Absagen mit den Versuchen zur Kapitalbeschaffung aufgegeben, würde Canva heute womöglich nicht existieren (siehe Abbildung 6.4).

Betrachten Sie kein »Nein« als abschließend. Wenn Sie ein Nein hören, sollten Sie das Beste daraus machen. Betrachten Sie es außerhalb seines typischen negativen Kontexts und deuten Sie es so um, dass Sie den Mut fassen, es weiter zu versuchen. Machen Sie das, und dann wird sich das »Nein« hoffentlich in ein »Ja« verwandeln.

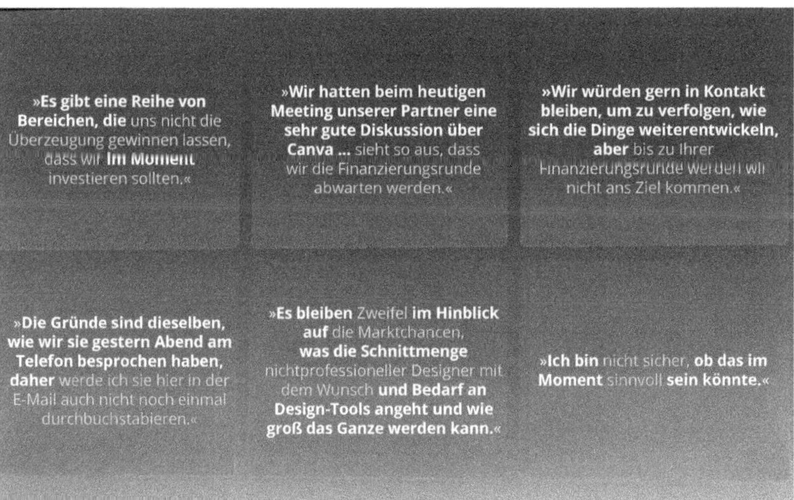

Abbildung 6.4: Sechs typische Ablehnungen, die Melanie Perkins erhielt, nachdem sie Canva präsentiert hatte. Im Herbst 2023 hatte Canva monatlich 165 Millionen aktive Nutzer. *(Quelle: Canva investor presentation, November 2023)*

»Hundert Blumen blühen lassen«

- → Sie wollen sich mit dem Gedanken anfreunden, dass Sie auch für unbeabsichtigte Nutzungen Ihres Produkts offen sein müssen.
- → Sie wollen auch auf Zufallserfolgen aufbauen, da Ihnen klar ist, dass Marktkräfte Ihr Produkt oft umpositionieren werden.
- → Sie fragen sich, ob eine Konzentration auf die Erstnutzer noch zu weiteren Erfolgen führen kann.

»Lasst hundert Blumen blühen« ist ein Satz, den ich beim Vorsitzenden Mao Zedong gestohlen habe, auch wenn ich nicht erkennen kann, wie er ihn umgesetzt hat. Mein Rat lautet, jede Art von Blumen blühen zu lassen und dankbar zu sein, dass überhaupt etwas blüht.

Beispielsweise hatte Apple 1984 den Plan, den Macintosh zu einem Computer für Tabellenkalkulation, Textverarbeitung und Datenbankarbeit zu machen. Das Spiel endete 0:3 aus Sicht von Apple, da der IBM-PC für diese Funktionen die Nummer eins blieb.

Dafür entwickelten Aldus und Adobe, zwei Start-ups, Software, mit der die Nutzer den Macintosh verwenden konnten, um Bücher, Zeitschriften und Zeitungen zu publizieren.

Wir hatten einen Computer für den allgemeinen Gebrauch im Sinn gehabt, aber unabhängige Software-Unternehmen und unsere Kunden hatten daraus ein Gerät fürs »Desktop Publishing« gemacht. Halleluja! Ich habe gelernt, Gewinne mitzunehmen und darauf aufzubauen. Letztlich entscheiden die Märkte – und nicht Sie selbst –, wie Ihre Waren und Dienstleistungen positioniert werden.

Abbildung 6.5: Der Macintosh 128K, vorgestellt am 24. Januar 1984 in Cupertino (Kalifornien). *(Quelle: Apple)*

Seien Sie froh, wenn es sich nicht um invasive Arten handelt oder eine Feuergefahr mit sich bringt. Wenn ich noch einmal auf meine Metapher von den Eicheln und Eichen zurückkommen darf, dann ist das Ganze so, als hätte ich Eicheln ausgesät, aber der Wind hätte Kojotenbusch- und Ahorn-Samen auf meinen Hügel geweht und die hätten dort Wurzeln geschlagen. Auch okay für mich!

Die folgende Tabelle zeigt noch weitere Beispiele von Samen, die unbeabsichtigte Blüten hervorgebracht haben:

Name	Beabsichtigte Verwendung	Tatsächliche Verwendung
Viagra	Behandlung von Angina und Bluthochdruck	Behandlung erektiler Dysfunktion
Luftpolsterfolie	Strukturtapete	Schutzverpackung
Panzerband	Abdichtung von Munitionskisten	Alles

Das Ganze funktioniert so, dass Sie Ihr Bestes tun, um eine tolle Ware oder Dienstleistung hervorzubringen, die richtige Positionierung so gut wie möglich einschätzen und dann schauen, was passiert. Vielleicht liegen Sie ja von Anfang an richtig, aber seien Sie in der Frage, wer Ihre Ware oder Dienstleistung verwendet und was damit angestellt wird, auch auf Überraschungen gefasst.

Nehmen Sie solche Verkäufe dann mit und seien Sie dankbar dafür. Ergreifen Sie Maßnahmen, um die Zufriedenheit Ihrer Erstnutzer zu steigern, und sichern Sie Ihre Basis dort ab. Anschließend wenden Sie sich dann anderen Märkten und Branchen zu.

Den Tag optimieren

- → Sie würden gern lernen, wie Sie negative Vorkommnisse in Chancen verwandeln.
- → Anschließend würden Sie gern das Beste aus diesen Chancen herausholen.
- → Sie würden gern von einer jungen Person lernen, die groß herausgekommen ist.

Olivia Julianna ist die gut 20-jährige politische Aktivistin der Generation Z, die ich in der Einleitung zu diesem Buch erwähnt habe. Sie hat die geschmacklosen abwertenden Äußerungen eines

Kongressabgeordneten über ihr Aussehen ausgenutzt und sie in eine Gelegenheit umgewandelt, eine Spendenaktion für das Recht auf Abtreibung zu starten, mit der sie 2,5 Millionen Dollar eingenommen hat.

Wer aus den Tweets eines Kongressabgeordneten 2,5 Millionen Dollar machen kann, weiß, wie man den Tag nutzt und optimiert. Und so habe ich sie nach ihren drei Top-Tipps gefragt, wie man eine Gelegenheit bestmöglich nutzt, um Veränderungen herbeizuführen.

Hier ihre Antwort:

1. *Am besten ist eine breite Koalition. Ganz gleich, ob Sie es ideologisch nun mehr mit Joe Biden, Bernie Sanders oder Stacey Abrams halten, am Ende des Tages sind wir uns über die Kerngedanken doch alle einig. Stoßen Sie keine Leute vor den Kopf, bloß weil Sie mit ihrer Wortwahl nicht einverstanden sind, wenn Sie sich über die Grundprinzipien einig sind.*
2. *Sagen Sie ganz klar, was Sie erreichen wollen. Wenn ich Spenden für Abtreibungen sammeln will, dann sage ich klipp und klar, dass ich Spenden für Abtreibungen sammle, weil Matt Gaetz mich attackiert hat. Wenn Sie Aufmerksamkeit erregen, ist das jedes Mal eine Chance, Veränderungen auszulösen.*
3. *Wenn Sie dann eine Aktion am Laufen haben, sollten Sie darauf achten, dass es sich dabei um etwas handelt, was die Leute auch tun können. Für mich ist es leicht, Leute zu bitten, für einen Abtreibungsfonds zu spenden. Auch wenn die Aufgabe darin besteht, zurückzutwittern, um die Aufmerksamkeit zu erhöhen, sollten Sie die Leute immer um etwas bitten und ihnen die Aufgabe so leicht wie möglich machen.*

Abbildung 6.6: Olivia Julianna bei der Annahme des Marie C. Wilson Emerging Leader Award im Rahmen der Verleihung der »Women of Vision Awards« der Ms. Foundation in New York 2023. *(Quelle: Kevin Mazur/Getty Images)*

Sie können Olivias Techniken verwenden, um Veränderungen zu bewirken und ein bemerkenswerter Mensch zu werden. Sie hat dieses Verfahren mit Erfolg angewandt und eine Attacke in eine Gelegenheit verwandelt, Menschen zu einen, Ziele zu klären und kollektives Handeln auszulösen.

Persönlich in Erscheinung treten

- → Sie möchten lernen, wie man Vertrauen aufbaut.
- → Sie müssen den Wert Ihrer persönlichen Anwesenheit erkennen.
- → Sie fragen sich, ob persönliche Interaktionen Beziehungen stärken können.

Ein letzter Tipp, wie Sie Ihre Träume verkaufen können. Lin-Manuel Miranda ist Schauspieler, Bühnenautor, Sänger und Komponist. Er schuf die Musicals *Hamilton* und *In the Heights* und trat auch selbst darin auf. Er hat drei Tony Awards gewonnen, drei Grammy Awards, einen Emmy Award und eine MacArthur Fellowship. Kein Zweifel, dass er bemerkenswert ist.

Abbildung 6.7: Jon M. Chu und Lin-Manuel Miranda freuen sich auf ein Eis am Set von *In the Heights*, Juni 2019. *(Quelle: Jose Perez/Bauer-Griffin/Getty Images)*

Jon M. Chu, der Regisseur und Drehbuchautor von *Crazy Rich Asians* und *In the Heights* (und ebenfalls ein bemerkenswerter Mensch), hat mir folgende Story über die Zusammenarbeit mit Miranda bei der Filmversion von *In the Heights* erzählt:

> *Wir hatten im Stadtviertel einen Auswahltermin für Statisten. Zu solchen Zusammenkünften von Statisten gehe ich nie.*
>
> *Sie versammeln da Statisten. Sie machen Bilder. Die hängen sie an die Wand. Ich gehe hin, sie treffen eine Vorauswahl. Ich gehe*

in einen Raum voll mit hunderten von Bildern und wähle die Art der Umgebung aus, in der ich die Schule oder die Szene haben möchte.

Ich gehe also nie da hin, wo sie die Bilder machen.

Er rief mich an und fragte: »Wo machen die das?« Ich sagte: »Oh, die Straße runter am Theater.« Und er sagte: »Ich gehe da hin.«

Er geht da hin und hält vor diesen Leuten eine Rede, wie viel ihm das alles bedeutet, wie viel das für diese Gemeinde bedeutet, wie sehr er sie schätzt.

Das zeigt echte Führungskraft. Es kostete Lin-Manuel Miranda Zeit, dessen Tage immer voll gepackt sind … er hat für nichts Zeit. Er macht so was für sein Stadtviertel.

Sie sollten nie unterschätzen, welche Wirkung es hat, persönlich in Erscheinung zu treten. Lin-Manuel Mirandas Anwesenheit beim Casting der Statisten trotz gepackt vollem Zeitplan zeigte Respekt für seine Gemeinde und Wertschätzung für ihre Beteiligung. Und dass Jon M. Chu das Ganze in unserem Interview thematisiert, zeigt, dass Jon sich darüber im Klaren ist, wie wichtig ein persönliches Erscheinen ist.

Lin-Manuel war sich bewusst, dass seine persönliche Interaktion Wirkung haben würde, und das tat sie auch. Ihre persönliche Anwesenheit wird kommunizieren, dass Ihnen das jeweilige Verfahren etwas bedeutet und am Herzen liegt, und dadurch stärken Sie Beziehungen und schaffen Vertrauen.

Ein von seiner Mission getriebenes Arschloch werden

→ Sie möchten erfahren, was Steve Jobs als Führungskraft und CEO bemerkenswert macht.
→ Sie möchten erfahren, wie unterschiedliche Führungsstile aussehen und ob einer davon optimal ist.
→ Sie würden gern Beziehungen zu anderen Menschen entwickeln, in denen Kritik als positiv gilt.

Muss ich Ihnen über Tony Fadell noch mehr erzählen, als dass er den iPod, das iPhone und das Nest Thermostat erschaffen hat? Diese drei Erfindungen zählen zu den »50 einflussreichsten technischen Geräten aller Zeiten« der Zeitschrift *Time.* Hätten Sie eines davon erschaffen, wäre das schon eine tolle Leistung. Haben Sie drei davon entwickelt, ist das ein Trend, und Sie sind bemerkenswert.

2022 hat Tony ein Buch mit dem Titel *BUILD: An Unorthodox Guide to Making Things Worth Making* veröffentlicht. Darin bricht er eine Lanze für Arschlöcher, die von ihrer Mission getrieben sind. Tony zufolge gibt es vier Arten von Arschlöchern:

- Taktierende: Hier handelt es sich um Menschen, die um ihr Überleben besorgt sind und sich lieb Kind machen wollen, indem sie sich bei anderen einschmeicheln. Sie betätigen sich auch hinter den Kulissen, um andere schlechtzumachen.
- Kontrollierende: Hier handelt es sich um Mikromanager, die sich von talentierten Menschen bedroht fühlen. Sie meinen, niemand außer ihnen habe gute Ideen, und wollen auch die nebensächlichsten Details am Arbeitsplatz kontrollieren.
- Egozentrische: Hier handelt es sich um die reinste Form des Arschlochs: schäbig, primitiv, manipulativ, defensiv und wuterfüllt. Sie würden die Straßenseite wechseln, nur um nicht Guten Tag sagen zu müssen.
- Von ihrer Mission Getriebene: Diesen Typ verkörpert Steve Jobs. Erfüllt von der Mission ihres Unternehmens, walzen sie jeden platt, der nicht herausragend ist. Ihnen sind die Dinge sehr wichtig. Sie arbeiten fleißig. Sie hören zu und ändern auch ihre Meinung, wenn Sie recht haben.

Und das hat mir Tony darüber erzählt, wie es ist, für Steve Jobs zu arbeiten, und was es heißt, ein von seiner Mission getriebenes Arschloch zu sein:

> *Er war kein egozentrisches Arschloch, jedenfalls nicht soweit ich das beurteilen kann. Sondern ihm war wichtig, dass die Mission stimmt und auf dem richtigen Weg ist.*

Dann bewertest du nicht die Menschen. Sondern du bewertest und kritisierst ihre Arbeit. Du achtest darauf, dass du das einzig im Sinne dessen tust, was gut für die Kunden ist, und dass es lehrreich ist.

Aber du bist unerbittlich. Du achtest darauf, dass das Team sich nicht mit halben Sachen zufriedengibt. Das Team muss hingehen und das Bestmögliche finden. Du treibst buchstäblich jedes Detail voran, das eine Rolle spielt.

Ich würde mir ja auch wünschen, dass Sie es bei der Unternehmensführung nur mit Einhörnern zu tun haben, die Feenstaub aus dem Hintern blasen und dabei »Kumbaya« singen, aber so ist es leider nicht. Es wird auch Zeiten geben, da Sie in bester Absicht streng sein und Ihre Teammitglieder antreiben müssen.

So kann es zum Beispiel sein, dass ein Team zweitklassige Arbeit abliefert und Sie es anweisen müssen, das Ganze noch mal zu machen. Und das womöglich sogar mehrmals, bis Sie schließlich der Meinung sind, dass es besser nicht mehr geht. Kann sein, dass man dann findet, Sie seien ein Arschloch oder hätten zumindest Züge eines Arschlochs.

Es ist aber noch schlechter, wenn Ihr Team findet, Sie wären ein leicht zufriedenzustellendes Weichei, das keine hervorragenden Leistungen verlangt. Wichtig sind nur die Gründe, warum Sie wie ein Arschloch auftreten. Geht es um Ihr Ego? Wollen Sie die eigene Unsicherheit überspielen? Oder wollen Sie, dass Ihr Team die beste Arbeit seiner Karriere abliefert und damit Erfolg hat?

Nur fürs Protokoll: Ich kenne niemanden in der Macintosh-Abteilung, der Steve Jobs nicht für ein Arschloch gehalten hätte. Ich kenne aber auch niemanden in der Macintosh-Abteilung, der es nicht für eine Ehre und ein Privileg gehalten hätte, für ihn arbeiten zu dürfen. Und ich bin mir sicher, wir würden das alle noch mal machen, wenn wir die Gelegenheit dazu bekämen.

Auf das Wichtige konzentrieren

- → Sie möchten erkennen, wie in Entscheidungen zu Kleidung und Frisur die Persönlichkeit zum Ausdruck kommt.
- → Sie müssen verstehen, wie gesellschaftliche Vorurteile solche Entscheidungen beeinflussen.
- → Sie fragen sich, welche strategische Wirkung es hat, wenn Sie solchen Erwartungen nicht entsprechen.

Abbildung 6.8: Michelle Obama bei der Democratic National Convention 2016. *(Quelle: Alex Wong/ Getty Images)*

2020 habe ich mit Julie Lythcott-Haims ein Gespräch über die Frisuren Schwarzer Frauen geführt. Julie ist Autorin, Rednerin, Stadtratsmitglied in Palo Alto und ehemalige Dekanin an der Stanford University. Ihr Fazit: »Es liegt an uns Schwarzen Frauen, unser Haar so zu tragen, dass wir uns schön und stolz fühlen.«

Nun hatte aber ausgerechnet Michelle Obama auf der Democratic National Convention 2016 mit geglätteten Haaren gesprochen, und ich wollte von Julie wissen, was ich davon zu halten habe. Ich war der Meinung, dass von allen Schwarzen Frauen auf der Welt doch Michelle Obama diejenige wäre, die ihr Haar ganz bestimmt

»natürlich« tragen könnte oder eben so, wie es ihr selbst am besten gefällt.

Hier Julies Antwort:

> *Es gibt selbst in ihrem Zielpublikum, der Demokratischen Partei, immer noch eine Menge Leute, die es als unpassend empfinden würden, wenn eine Schwarze Frau ihr Haar natürlich trägt. Sie würden das als weniger professionell empfinden und, in Anführungszeichen, nicht so, wie es sich gehört. Ich denke, Michelle Obama weiß das.*
>
> *Wenn Sie daher gebeten wird, auf ein wichtiges Podium zu steigen und eine der größten Reden ihres Lebens zu halten, dann wird sie wahrscheinlich sehr strategisch vorgehen und denken: »Heute ist ein Tag für geglättetes Haar, denn das wird mir bei der größtmöglichen Zahl von Zuhörern Gehör verschaffen.«*

Es besteht kein Zweifel, dass komplexe und differenzierte Gespräche wie über die Haartracht Schwarzer Frauen wichtige soziale Erwartungen und Vorurteile zutage fördern. Sie sollten solche Überlegungen jedoch immer auch gegenüber der Botschaft abwägen, die Sie vermitteln wollen, und der Wirkung, die Sie zu erzielen beabsichtigen.

Weiterführende Literatur

Aaker, David. *Aaker on Branding: 20 Principles That Drive Success.*

Archambeau, Shellye. *Unapologetically Ambitious: Take Risks, Break Barriers, and Create Success on Your Own Terms.*

Berger, Jonah. *The Catalyst: How to Change Anyone's Mind.*

Berger, Jonah. *Contagious: Why Things Catch On.*

Berger, Jonah. *Invisible Influence: The Hidden Forces That Shape Behavior.*

Cialdini, Bob. *Influence: The Psychology of Persuasion* (deutsch: *Influence: Wie man (andere) überzeugt).*

Cialdini, Bob. *Pre-Suasion: A Revolutionary Way to Influence and Persuade* (deutsch: *Pre-Suasion: Wie Sie bereits vor der Verhandlung gewinnen).*

Lythcott-Haims, Julie. *How to Raise an Adult: Break Free of the Overparenting Trap and Prepare Your Kid for Success.*

Lythcott-Haims, Julie. *Your Turn: How to Be an Adult.*

Milkman, Katy. *How to Change: The Science of Getting from Where You Are to Where You Want to Be.*

Phase 3
GRACE – GRÖßE ZEIGEN UND ANDERE BEFLÜGELN UND INSPIRIEREN

7 Durchs eigene Beispiel führen

»Führen mit menschlicher Größe bedeutet, durchs eigene Beispiel zu führen und anderen zu zeigen, wie man mit Freundlichkeit, Mitgefühl und Empathie lebt.«
Dalai Lama

Sich menschliche Größe zu eigen machen

→ Sie würden gern verstehen, welche Bedeutung menschliche Größe hat, wenn man bemerkenswert sein will.
→ Sie möchten bestimmen, welche Eigenschaften menschliche Größe verkörpern.
→ Sie überlegen, wie sich in menschlicher Größe Führungsqualität manifestieren kann.

Menschliche Größe ist die Schlussphase im Prozess, bemerkenswert zu werden. Hier geht es um Haltung, Freundlichkeit und Achtsamkeit, mit denen andere beflügelt und inspiriert werden.

Diese Art von Größe habe ich bei vielen der bemerkenswerten Menschen beobachtet, die ich interviewt habe. Herausragend waren dabei unter anderem Jane Goodall, Ken Robinson, Carol Dweck und Bob Cialdini. Sie haben ein ruhiges Selbstvertrauen an sich, und ihr Fokus ist nicht auf die eigene Person gerichtet, sondern auf andere und die Gesellschaft im Ganzen.

Durch ihre menschliche Größe sind sie ein Vorbild und weisen den Menschen um sie herum den Weg. Deshalb beginnen wir auch mit dem Thema Menschenführung.

Hochstapler-Syndrom überwinden

→ Sie möchten das Hochstapler-Syndrom überwinden.
→ Sie müssen verstehen, dass dieses Syndrom ein demütigendes Erlebnis und Hindernis sein kann, wenn Sie es nicht unter Kontrolle bringen.

→ Sie fragen sich, wie Sie zu Ihrem Hochstapler-Syndrom stehen können und es zu Ihrem Vorteil einsetzen.

Immer wieder haben weibliche Gäste bei mir über das Hochstapler-Syndrom (oder auch Imposter Syndrom) gesprochen. (Ich kann mich nicht erinnern, dass schon einmal ein männlicher Gast dieses Thema zur Sprache gebracht hätte, aber ich bezweifle, dass Männer dieses Gefühl nicht auch empfinden.) Das Hochstapler-Syndrom sorgt für ein Gefühl der Unzulänglichkeit und des Zweifels, das in der Angst kulminiert, als Schwindler entlarvt zu werden – also im Grunde, dass Sie in Wirklichkeit gar nicht so gut wären, wie die Leute glauben.

> *Ich habe inzwischen schon elf Bücher geschrieben, aber jedesmal denke ich: »Oh, oh, diesmal werden sie mich ertappen. Ich habe allen immer nur etwas vorgespielt, und jetzt werden sie mich ertappen.«*
>
> Maya Angelou

Es ist schwer, menschliche Größe zu zeigen, wenn man sich wie ein Hochstapler fühlt. Kümmern wir uns also einmal um dieses Thema.

Positiv betrachtet, kann ein Hochstapler-Syndrom bedeuten, dass Sie Bescheidenheit und Selbsterkenntnis besitzen. So etwas ist gut, weil es Sie motivieren kann, fleißiger zu arbeiten, damit Sie Ihre hoch gesteckten Ziele erreichen und übertreffen. Und es ist immer noch besser, ein Hochstapler-Syndrom zu haben als ein narzisstisches Syndrom nach dem Motto: »Ich bin grandios, und das Universum schuldet mir Anerkennung.«

Zwischen diesen beiden Syndromen liegt die »Realität« – das heißt: Sind Sie wirklich so gut, wie die Leute glauben? Wenn ja, dann sollten Sie sich zunächst einmal selbst in Frieden lassen. Der nächste Schritt ist dann eine Überwindung des Hochstapler-Syndroms. Sie müssen sich in diesem Fall etwas zutrauen.

Wenn Sie vom Hochstapler-Syndrom gequält werden und kein Selbstvertrauen ausstrahlen, behindern Sie Ihr eigenes Vorankommen. Was zu tun ist:

- Zugeben, dass Sie sich unzulänglich fühlen: Kleben Sie das Etikett darauf – »Hochstapler-Syndrom« –, damit Sie immer daran denken, dass so etwas so oft vorkommt, dass es sogar einen eigenen Namen bekommen hat. Machen Sie es kleiner und beherrschen Sie es. Bestreiten Sie es nicht.
- Sich klarmachen, dass selbst wahrhaft bemerkenswerte Menschen sich manchmal wie Hochstapler fühlen: Ich würde sogar behaupten, dass Menschen, die sich niemals wie Hochstapler vorkommen, größenwahnsinnig sind.
- Auf Leistungen, persönliche Entwicklung und künftige tolle Taten konzentrieren, damit Ihre Realität auch Ihrem Ruf entspricht oder ihn übertrifft: Wenn Sie kein Hochstapler sind, sind Sie kein Hochstapler.
- So lange so tun, bis man auch so ist (»fake it until you make it«): Wenn Sie eine Fassade von Selbstvertrauen und Optimismus aufrechterhalten, wird Ihnen das zu Erfolg verhelfen, und wenn Sie Erfolg haben, werden Sie selbstsicher und optimistisch. Fast jeder bemerkenswerte Mensch durchläuft diesen Entwicklungsprozess.
- Auf die Mission oder das Anliegen konzentrieren: Wenn sich in Ihrem Kopf vor lauter Zweifel und Unsicherheit alles dreht, sollten Sie sich einfach auf das Ziel besinnen, dass Sie etwas bewirken wollen. Alles andere ist einfach nur störendes Hintergrundgeräusch.

Die Strategie »Tu so, dann wirst du so« bedeutet, dass Sie trotz allen Ängsten und Zweifeln selbstbewusst und sicher auftreten. Das heißt ja nicht, dass Sie Ihre Leistungen oder Ergebnisse vortäuschen würden. Unmoralisch und unethisch war dagegen zum Beispiel das Handeln von Elizabeth Holmes, der inhaftierten CEO von Theranos; verwechseln Sie es also nicht mit Lügen, wenn Sie ein tapferes und zuversichtliches Gesicht aufsetzen.

Eine Überwindung des Hochstapler-Syndroms ist entscheidend wichtig für die persönliche Entwicklung und Leistung. Denken Sie daran, dass auch die bemerkenswertesten Menschen dieses Gefühl erleben. Um bemerkenswert zu werden, müssen Sie Ergebnisse hervorbringen und das Gefühl überwinden, unwürdig zu sein. Mein Ratschlag lautet: »Tragen Sie so lange eine Maske, bis diese Maske Ihr eigenes Gesicht geworden ist.«

Eine »gute Situation« schaffen

→ Sie möchten effektiv führen, indem Sie ein förderliches Arbeitsumfeld schaffen.
→ Sie wollen Wachstum, Kooperation und Inklusion fördern und so zum Beispiel auch die LGBTQ+-Community unterstützen.
→ Sie fragen sich, wie Sie Produktivität und Wohlbefinden steigern können, indem Sie sich erfolgsbegünstigende Prinzipien zu eigen machen.

Bemerkenswerte Menschen müssen auf ihrem Karriereweg oft Menschen führen. Sie verstehen es, andere zu inspirieren und zu motivieren. Dazu gehört auch, eine »gute Situation« für Kolleginnen und Kollegen, Mitarbeiterinnen und Mitarbeiter zu schaffen.

Geoffrey Cohen, Psychologie-Professor an der Stanford University, Befürworter kluger Interventionen und Autor des Buchs *Belonging: The Science of Creating Connection and Bridging Divides,* hat das Konzept der »guten Situationen« entwickelt, die Menschen in die Lage versetzen, bestmögliche Arbeit zu leisten.

Ein Arbeitsumfeld, das eine solche gute Situation darstellt, weist folgende Merkmale auf:

- Möglichkeiten, sich weiterzuentwickeln und zu lernen: um die Motivation zu fördern.
- Zusammenarbeit und Zusammenhalt: um positive Interaktion zu stärken.
- Reichlich Feedback und Anerkennung: um Moral und Effektivität zu heben.

Ihre Rolle ist es, dafür zu sorgen, dass diese Merkmale an Ihrem Arbeitsplatz vorliegen. Folgende Punkte müssen Sie dafür erfüllen:

- Die Vision dessen kommunizieren, was Sie erreichen wollen.
- Ihr Team auf diese Vision einschwören und anregen, sie zu verwirklichen.
- Hohe Standards und Erwartungen für alle formulieren – einschließlich Ihnen selbst.
- Angemessene Ressourcen zur Verfügung stellen: »Mit weniger mehr erreichen« kann das Management leicht sagen; wie wär's stattdessen mit dem Motto »Mit mehr mehr erreichen«?
- Den Leuten nicht reinreden, sondern »makromanagen«.

Sagen wir zum Beispiel, Sie wollen für die Angehörigen der LGBTQ+-Community in der Belegschaft eine gute Arbeitssituation schaffen. Dazu würden Maßnahmen gehören wie:

- Unternehmensweite Übernahme einer Trans-inklusiven Politik und Verhaltensweise. Dazu gehören auch Dresscode, Verwendung von Pronomen und Toilettenbenutzung.
- Unterstützung von Verfahren zur Geschlechtsumwandlung, wie medizinische Verfahren, Beratungen und andere Gesundheitsressourcen.
- Diversity-Training für die Mitarbeiterschaft. Ziel ist, für LGBTQ+-Menschen ein sicheres und unterstützendes Umfeld zu schaffen.
- Anerkennung der Rechte und Leistungen von LGBTQ+-Menschen nicht nur im Unternehmen, sondern auch in der Gesellschaft insgesamt.
- Verstärkung der Sichtbarkeit und Akzeptanz von LGBTQ+-Mitarbeitern durch Beispiele von Erfolg und Vorbildern im Unternehmen.

Eine derartige Situationsgestaltung kann Produktivität und Wohlbefinden des gesamten Unternehmens sowie der LGBTQ+-Community steigern. Eine gute Situation nützt allen.

Kurz gesagt: Eine bemerkenswerte Führungskraft begünstigt den Erfolg anderer; sie fördert ihre Entwicklung, indem sie Engagement, Beharrlichkeit und Leistung belohnt; und schließlich leitet sie die Menschen dazu an, ihr volles Potenzial zu entfalten.

Nebenbei: Wenn Sie mehr zum Thema LGBTQ+ am Arbeitsplatz erfahren wollen, sollten Sie den Artikel »Creating a Trans-Inclusive Workplace« in der *Harvard Business Review* lesen.

Leute einstellen, die besser sind als Sie selbst

→ Sie müssen erkennen, welchen Wert es hat, Leute einzustellen, die besser sind als Sie selbst.
→ Sie möchten ein Team bilden, das Top-Leistungen abliefert, weil Sie Leute mit Top-Qualifikationen einstellen.
→ Sie fragen sich, wie Sie die Aufgabe angehen sollen, mit Bescheidenheit und Selbstbewusstsein Leute einzustellen.

Die Macintosh-Abteilung hatte eine Regel: Wir stellen nur Leute der Kategorie A ein – das heißt Leute, die genauso gut sind wie oder besser als »wir alle«. (Das ist natürlich ein Beleg für Arroganz.)

Unsere Überlegung war: A-Leute stellen A-Leute ein oder besser noch A+-Leute, weil sie damit einer allmählichen Verdummung und Verflachung entgegenwirken können. B-Leute dagegen stellen C-Leute ein und C-Leute stellen D-Leute ein und so weiter, weil sie sich damit den Leuten überlegen fühlen können, die für sie arbeiten.

Die Vorteile daran, bessere Leute als sich selbst einzustellen, sind unter anderem:

- Ausweitung der Kenntnisse und Fähigkeiten: Bessere Leute bringen bessere Kenntnisse und Fähigkeiten mit, als das Team bereits besitzt.

Abbildung 7.1: Die Macintosh-Abteilung 1984. Ich bin der in der oberen linken Ecke, links neben dem mit der Brille. *(Quelle: Apple)*

- Verbesserte Entscheidungsfindung: Es ist eine gute Annahme, dass Entscheidungsfindung und Ergebnisse sich durch bessere Kenntnisse und Fähigkeiten verbessern werden.
- Vertiefte und verbesserte Teamarbeit: Sehen wir es realistisch: Mitarbeiter wenden sich auch mal anderen Zielen zu und gehen. Dann ist es gut, hoch qualifizierte Leute an Bord zu haben, welche die Lücke füllen können.
- Leistungskultur: Sie wollen, dass die Leute sich im Raum umsehen und erkennen, sie müssen in Bestform sein. Das heißt, »es werden Spitzenleistungen erwartet«; »einfach nur gut ist nicht gut genug«.

Das Schwierige an dieser Empfehlung ist, dass Sie dafür sowohl Bescheidenheit als auch Selbstbewusstsein brauchen – Ersteres, weil Sie zugeben müssen, dass Leute besser sind als Sie; Letzteres, weil Sie sich von diesen Leuten nicht bedroht fühlen dürfen.

Abbildung 7.2: Treffen der Macintosh-Abteilung bei Alain Rossman und Joanna Hoffman zu Hause im Jahr 2019. Es hat zwar 25 Jahre gedauert, aber inzwischen hatte ich gelernt, mich bei Fotos in die erste Reihe zu stellen.

Es gibt kein besseres Zeugnis für Ihre Führungsqualität als das Team, das Sie zusammenstellen. Wenn Sie Leute einstellen, sollten Sie sich nie mit Mittelmaß begnügen. Lassen Sie Ihr Ego beiseite und suchen Sie Leute, die das Unternehmen noch besser machen, sei es mit Ihnen, sei es ohne Sie.

Verhandeln wie ein Weltmeister

→ Sie möchten ein bemerkenswerter Verhandlungspartner werden.

→ Sie möchten praktische und taktische Tipps fürs Verhandeln erlernen.

→ Sie fragen sich, in welchem Licht Ihre Verhandlungstaktik Sie erscheinen lässt.

Bemerkenswerte Menschen sind gute Verhandlungspartner. Sie bekommen, was sie wollen, und sie wollen, was sie bekommen. Und die Leute, mit denen sie verhandelt haben, wollen auch danach noch Geschäfte mit ihnen tätigen.

Bitte vergessen Sie die Vorstellung, dass es beim Verhandeln ums Ausüben roher Gewalt ginge. Das ist nur auf Netflix und Apple TV so. Barry Nalebuff, Professor an der Yale School of Management und Autor von *Split the Pie: A Radical New Way to Negotiate*, erklärt, wie man mit Anstand Win-win-Verhandlungen führt.

Hier seine Power-Tipps, die Sie zu bemerkenswerten Verhandlungspartnern machen:

- Der anderen Seite geben, was sie haben möchte: Das hat Barry von Cade Massey gelernt, Practice Professor am Institut für Operations, Information and Decisions der Wharton School. Wenn Sie die Verhandlungen damit beginnen, dass Sie der anderen Seite geben, was sie haben möchte, dann fördern Sie die Erwartungshaltung, dass auch Sie bekommen sollten, was Sie haben möchten. »Ich kaufe dir ein neues Surfbrett, wenn du auf diesem kahlen Hang 100 Eichen pflanzt.«
- Die Presseveröffentlichung oder Siegesrede der anderen Seite schreiben: Barry sagt, diesen Tipp verdanke er William Ury, dem Mitautor von *Getting to Yes*. Die Idee ist, dass Sie sich vorstellen, was die andere Seite nach der Verhandlung mit Ihnen wohl gern in einer Rede oder Presseveröffentlichung sagen würde. Und das geben Sie ihr dann, damit auch Sie bekommen, was Sie haben wollen.
- Im Sinne der anderen Seite argumentieren: Versuchen Sie, für die andere Seite zu argumentieren, um zu zeigen, dass Sie deren Sichtweise verstehen. Sehen Sie das Ganze als eine empathische Verhandlung. Das kann das Hin- und Herargumentieren verringern und ermöglicht, dass auch Ihre Seite Anerkennung findet. Ein besseres Verständnis, warum eine Partei verhandelt, macht Sie zum besseren Verhandlungspartner.
- Möglichst nie Nein sagen: Das Wort »Nein« ist eine Spaßbremse. Es signalisiert, dass eine Seite komplett nachgeben müsste, was einfach nur das weitere Verhandeln erschwert. Besser ist es, »Ja, wenn« zu sagen, denn das zeigt einen Weg zur Entscheidung auf. Meine Theorie lautet, dass die andere Seite, sobald sie ein »Ja« hört, schon meint, sie habe bekommen, was sie will.

Daraufhin möchte sie dann nicht mehr gefährden, was sie hat, und ist stärker bereit zu tun, was Sie von ihr wollen.

- Feuer mit Wasser bekämpfen: Feuer mit Feuer zu bekämpfen ist eine Technik, mit der man ein Feuer bremsen oder stoppen kann, indem man durch kontrollierte Verbrennung die Menge des brennbaren Materials verringert. Im menschlichen Miteinander trägt dieses Verfahren allerdings eher dazu bei, die Probleme noch zu verschärfen, als sie zu lösen. Löschen Sie also das Feuer und gehen Sie dann zu einem Thema über, das eher konstruktiv und von gegenseitigem Nutzen sein dürfte.
- Keine Anker werfen: Das Konzept des »Ankerwerfens« besteht darin, ein extremes Angebot vorzulegen, um die andere Partei auf die Spanne dessen festzulegen, was Sie haben wollen. Das zieht allerdings zwei potenzielle Probleme nach sich. Erstens könnte die andere Partei dann einfach gehen und die Verhandlung abbrechen. Zweitens könnte die andere Partei, falls Ihr nächster Schachzug in einer großen Konzession bestehen sollte, dann meinen, dass Sie bei anderen Themen nun ebenfalls einen Rückzieher machen würden. Wenn Sie durchaus einen Preis »verankern« wollen, dann sollten Sie immerhin darauf achten, dass er im vernünftigen Rahmen liegt.

Die Fähigkeit, erfolgreich zu verhandeln, ist wesentlich für die Entwicklung von Selbstvertrauen. Indem Sie die Sichtweise der anderen Partei verstehen, Konfrontationen vermeiden und effektive Strategien nutzen, verhandeln Sie wie ein Profi und können Ergebnisse erzielen, die für beide Seiten von Vorteil sind.

Vorrangig auf die Qualifikation achten

- → Sie würden gern wissen, ob Unternehmen auch Kandidaten ohne formale Ausbildung und Abschlüsse einstellen.
- → Sie fragen sich, welche Qualifikationen Unternehmen suchen.
- → Sie fragen sich, ob Sie auch Personen ohne formale Ausbildung und Abschlüsse einstellen sollten.

Das Wichtigste bei dem Bestreben, Personen einzustellen, die besser sind als Sie selbst, sind die Qualifikationen, welche die Leute für die Stelle mitbringen. Erreichen lassen sich solche Qualifikationen auf verschiedenen Wegen, zum Beispiel über eine formale Ausbildung, über Berufserfahrung und über Weiterbildung. Aber anscheinend wird in der Regel vor allem auf die »formale« Ausbildung geachtet.

Temple Grandin, die Kuhflüsterin und Professorin, bittet darum, bei Standardtests und -anforderungen zu differenzieren. Insbesondere geht es ihr um die Forderung, gut in Algebra sein zu müssen und in standardisierten Mathetests gut abzuschneiden, wenn man an die Hochschule will:

> *Ich spreche ständig mit Schülerinnen, die, sagen wir mal, am Community College oder Berufskolleg einen Abschluss als Tierarzthelferin machen wollen, und die sind dann in der zweiten oder dritten Klasse Algebra und fallen durch. Du brauchst das überhaupt nicht als Tierarzthelferin oder Tierärztin.*
>
> *Rechnen musst du können, ja gut, und ein paar Algebra-Gleichungen brauchst du für die Medikamentendosierung, die kannst du auswendig lernen. Das muss man schon lernen, aber wir sortieren hier Personen aus, die gut und gern die besten Tierarzthelferinnen sein könnten, oder auch die besten Tierärztinnen, denn das sind Personen, die visualisieren können, was mit den Tieren nicht stimmt.*

Auch wenn es die Diagnosen, die Anästhesie und die Dosierungsberechnungen gibt, dürften die meisten Tierärzte wohl keine höhere Mathematik brauchen. Würden Sie Ihr Haustier lieber von einem höheren Mathematiker behandeln lassen oder von jemandem, der etwas von Tieren versteht? Braucht ein Scheidungsanwalt mehr von Mathematik zu verstehen als die Tatsache, wie man durch zwei teilt?

Wenn Sie ein Team aufbauen wollen, sollten Sie die Qualifikation der Kandidaten zum Maßstab machen – nicht ihre Abschlüsse.

Ginny Rometty, die erste weibliche CEO von IBM, hat sich dieses Konzept zu eigen gemacht. Ihr war aufgefallen, dass für viele Positionen bei IBM ein College-Abschluss gefordert wurde, obwohl das für die eigentliche Arbeit gar nicht nötig war.

Hier ihre Erkenntnis zum Thema Einstellung von Personen ohne Hochschulabschluss:

> *Wir sammeln über die Jahre hinweg eine Menge Daten, und wir stellen fest, dass sie nach etwa einem Jahr die gleiche Leistung bringen wie unsere College-Absolventen. Sie belegen mehr Fortbildungskurse, weil sie wissensdurstig sind. Sie wollen immer weiterlernen. Sind loyaler, unternehmenstreuer.*
>
> *Schließlich bin ich ein ganzes Arbeitsjahrzehnt zurückgegangen, in dem wir uns jede Stellenanforderung angesehen haben, und wir haben festgestellt, dass 50 % unserer Jobs für den Einstieg keinen College-Abschluss brauchen.*

Bedenken Sie: Das kommt von der früheren CEO eines Unternehmens mit 350 000 Mitarbeitern, universellem Markenbewusstsein und unbegrenzten Ressourcen! Wenn die über Abschlüsse hinwegsehen kann, dann können Sie das doch auch.

Oberste Priorität hat, die notwendigen Qualifikationen für Ihr Unternehmen zu finden. Diese Qualifikationen können auch Menschen ohne Hochschulabschluss mitbringen, das ist völlig in Ordnung. Wenn Sie richtig zuhören, sprechen Einstellung und Kompetenz lauter als Abschlüsse.

Die richtigen Signale aussenden

→ Sie würden gern effektive Incentives schaffen, die zu den Zielen Ihres Unternehmens passen.
→ Sie müssen sowohl beabsichtigte als auch unbeabsichtigte Konsequenzen Ihrer Incentive-Pläne in Erwägung ziehen.
→ Sie fragen sich, wie Sie unerwünschte Ergebnisse Ihrer Incentives vermeiden können.

Wenn Sie ein Taxiunternehmen betreiben und Ihre Fahrer stundenweise bezahlen, senden Sie damit vielleicht nicht das richtige Signal an die Fahrer. Denn da es für die Fahrer dann keine Rolle mehr spielt, wie viele Fahrten sie machen, wenn sie ohnehin ein Pauschalhonorar bekommen, kann es Ihnen passieren, dass Ihre Fahrer oft Pausen machen und nicht die zweckmäßigsten Strecken zu ihren Zielen wählen.

Oder stellen Sie sich vor, Sie sind im Vorstand eines Unternehmens und erklären Ihrer CEO, ihr Ziel solle das langfristige Wachstum des Shareholder Value sein. Ihr Bonus hängt jedoch vom jährlichen Gewinn ab. Da sie nicht weiß, wie lange sie bei Ihnen bleiben darf, könnte sie nun versuchen, ihre jährlichen Bonuszahlungen zu maximieren und riskante Innovationen zu vermeiden, deren Umsetzung länger als ein Jahr dauern würde.

Uri Gneezy ist Professor für Verhaltensökonomie und strategisches Management an der Rady School of Management der University of California in San Diego. Er ist auch Autor von *Mixed Signals: How Incentives Really Work*. Seine Idee ist, dass Incentives Signale aussenden und Sie daher darauf achten müssen, dass diese Signale auch zu Ihren Zielen passen.

Das klingt wie eine Plattitüde, und doch senden Führungskräfte oft unklare oder widersprüchliche Signale an ihr Unternehmen. Auch wenn die Mitarbeiter nicht wie Tauben im Labor sind, die bestimmte Hebel betätigen, empfiehlt er folgende Schritte:

- Incentives an den Zielen des Unternehmens ausrichten: Das bringt unter Umständen noch einen weiteren Vorteil mit sich: eine Formalisierung Ihrer Ziele, was bei vielen Unternehmen unter den Tisch fällt.
- Unbeabsichtigte Konsequenzen von Incentive-Plänen in Erwägung ziehen: Hier kann es hilfreich sein, wenn auch Partner oder Freunde einmal »mit anderen Augen« auf Ihre Incentive-Pläne schauen.

- Testen und Iterationen vornehmen, wenn die Pläne in die Realität umgesetzt werden: Starten Sie zur Probe erst mal mit einer kleinen Gruppe, ehe Sie die gesamte Belegschaft einbeziehen.
- Auch »weiche Belohnungen« wie Weiterentwicklung, Anerkennung und Sinnhaftigkeit mit ins Gesamtpaket aufnehmen.

Hier eine Illustration, wie auch die besten Pläne schiefgehen können: Sie stammt aus einem Artikel mit dem Titel »The Great Hanoi Rat Hunt: A Conversation with Michael G. Vann«. Vietnamesische Behörden zahlten wegen einer Rattenplage eine Belohnung für Rattenschwänze.

Die Bürger reichten hunderttausende von Rattenschwänzen ein, um die Belohnung zu kassieren, und dennoch wurde das Programm gestoppt, weil die Behörden herausfanden, dass die Leute Ratten züchteten, ihnen die Schwänze abschnitten und sie dann freiließen, damit sie sich weiter vermehrten. Die Leute sammelten sogar Ratten von außerhalb Hanois ein.

Kann man ihnen einen Vorwurf machen? Incentive war schließlich, so viele Rattenschwänze wie möglich einzureichen. Bessere Möglichkeiten wären wohl Lehrprogramme zu den Krankheiten gewesen, die Ratten übertragen, oder kostenlose Giftköder und Fallen sowie öffentliche Bescheinigungen für die Rattenfreiheit von Gebäuden.

Bob Cialdini, die Koryphäe auf dem Gebiet des Beeinflussens, hätte vielleicht auch noch sozialen Druck empfohlen: »Am Nachbarhaus ist ein Schild, dass es rattenfrei ist. Da müssen wir nachziehen, und die Nachbarschaft wollen wir ja auch nicht gefährden.«

Die Botschaft lautet: Achtgeben, dass Incentives und Ziele zueinander passen. Sie sollten die Leute nicht ermuntern, falsche Maßnahmen zu ergreifen, aufgrund derer diese dann eigene Ziele verfolgen, wenn Sie möchten, dass Sie alle miteinander bemerkenswerte Ergebnisse erzielen.

Grenzen ziehen

→ Sie wollen lernen zu bestimmen, welche Ihrer Aktivitäten Sie verringern und welche Sie verstärken sollten.
→ Sie brauchen Hilfe bei dem Vorhaben, klare Grenzen für Ihre Zeit zu setzen und diese auch zu kommunizieren.
→ Sie müssen üben, öfter Nein zu sagen.

Eine essenzielle Fähigkeit für alle, die gern bemerkenswert sein möchten, besteht darin, Grenzen für die Ansprüche an ihre Zeit, Aufmerksamkeit und Energie zu ziehen. Das gilt sowohl für Ansprüche, die man an sich selbst stellt, als auch für Ansprüche, die andere stellen. Solche Grenzen zu ziehen hat folgende Vorteile:

- Vermehrung der Zeit und Energie für wichtige Dinge.
- Förderung des emotionalen und physischen Wohlbefindens.
- Ermunterung anderer, bei der Ausführung der delegierten Aufgaben ihre eigenen Fähigkeiten zu verbessern.
- Förderung sinnvollerer (und weniger zahlreicher) persönlicher und beruflicher Beziehungen.
- Schaffung eines Vorbilds für andere, ebenfalls Grenzen zu ziehen.

Und hier die Schritte, mit denen Sie Ihre Grenzen ziehen:

- Einschätzen, wo Sie stehen: Wie erschöpft, angeschlagen und kaputt fühlen Sie sich? Was von dem, das Sie tun wollen oder müssten, schaffen Sie nicht? Der erste Schritt besteht also darin, die Größe des Problems festzustellen.
- Prioritäten ermitteln und in eine Rangfolge bringen: Ordnen Sie Ihre Aktivitäten und Beziehungen von den wichtigsten bis hin zu den unwichtigsten. Das hilft Ihnen, Ihre Prioritäten zu klären.
- Kapazitäten und Fähigkeiten abschätzen: Vergleichen Sie Ihre Prioritäten mit Ihren Kapazitäten und Fähigkeiten. Der mathematische Aspekt dürfte Ihnen sofort auffallen: Der Tag hat nicht genug Stunden, um alles zu tun, was auf Ihrer Liste steht.

- Die Grenzen definieren: Setzen Sie messbare Grenzen für die Menge an Zeit, die Sie zum Beispiel fürs Beantworten von E-Mails verwenden wollen, fürs Lesen von Social-Media-Sites, fürs Abhängen mit Ihren Freunden und fürs Arbeiten an Abenden und Wochenenden.
- Die Grenzen kommunizieren: Erklären Sie diese Grenzen Ihrem Umfeld. Es kann sogar sein, dass Sie diese Grenzen nicht nur anderen, sondern auch Ihrem zwanghaften inneren Ich kommunizieren müssen.
- Anpassen und überarbeiten: Es ist unwahrscheinlich, dass Sie gleich von Anfang an die optimalen Grenzen setzen, und Prioritäten und Umstände verändern sich auch. Zögern Sie nicht, Ihre Grenzen im Lauf der Zeit anzupassen.

Das sind ganz allgemeine Tipps für das Ziehen von Grenzen, die Sie so auch online finden könnten. Ich will Ihnen hier auch noch ein paar eher taktische Tipps geben, die aus meiner persönlichen Erfahrung und von meinen Podcast-Gästen stammen:

- Stellen Sie sich folgende Frage: »Würde ich mir am Ende meines Lebens wünschen, ich hätte mehr _____ oder ich hätte mehr _____?« Würden Sie sich also zum Beispiel wünschen, Sie wären lieber mehr mit Ihren Kindern surfen gegangen oder hätten lieber mehr an Zoom-Konferenzen mit 50 Teilnehmern und optionaler Kameraeinschaltung teilgenommen?
- Zoe Chance, Professorin an der Yale School of Management, empfiehlt, Sie sollten einmal versuchen, 24 Stunden lang zu allen Wünschen Nein zu sagen. Die Erfahrung, wie schwer Ihnen das fällt, wird Ihnen zeigen, ob Sie zu »freigiebig« sind. Außerdem werden Sie wahrscheinlich erkennen, dass es gar nicht so schlimm ist, zu anderen Nein zu sagen.
- Catherine Price, Autorin von *How to Break Up with Your Phone* (deutsch: *Endlich abschalten)*, schlägt als ersten Schritt hin zu dem Ziel, Ihr Leben zurückzugewinnen, vor, dass Sie nicht mehr direkt vor dem Zubettgehen und unmittelbar nach dem Aufstehen Ihr Handy checken sollten. Sie prophezeit, dass Sie

riesige Vorteile daraus ziehen werden, wenn Sie diese beiden Zeiten des Tages schützen, und dass Sie dadurch ermuntert werden, sich mit noch weiteren Grenzen anzufreunden.

- Nein zu sagen fällt am Anfang vielleicht schwer, und es braucht Zeit, sich daran zu gewöhnen. Je eher Sie damit anfangen, desto leichter wird es Ihnen fallen. Denken Sie einfach daran, dass Ihnen ein Nein auch die Möglichkeit gibt, zu wichtigen Dingen Ja zu sagen, die Ihren Erfolg beschleunigen können.
- Nutzen Sie die Kraft des Wortes »weil«. Die Harvard-Professorin Ellen Langer hat festgestellt, dass Menschen dem Wunsch, den Fotokopierer benutzen zu dürfen, leichter entsprechen, wenn man dabei das Wort »weil« verwendet, gefolgt von einer Begründung – selbst wenn es eine so lahme Begründung ist wie »weil ich ein paar Kopien machen muss«.

Grenzen ziehen zu können ist eine wichtige Fähigkeit, wenn man bemerkenswert sein will. Wenn Sie Ihre Prioritäten bewerten, Grenzen definieren und diese Grenzen dann auch effektiv kommunizieren, können Sie Ihre Zeit effizient managen, sinnvolle Beziehungen pflegen und Ihre emotionale und physische Gesundheit fördern.

Managen durch Herumzoomen

- Sie wollen es zu Ihrer Priorität machen, Beziehungen aufzubauen.
- Sie möchten eine Möglichkeit finden, wie Sie auch digital »herumlaufen« und mit den Leuten in Kontakt treten können.
- Sie fragen sich, ob die Rückkehr aus dem Homeoffice ins Büro nötig ist.

Tom Peters, der Vordenker exzellenten Managements, der auch *In Search of Excellence* (deutsch: *Auf der Suche nach Spitzenleistungen)* geschrieben hat, hat das Konzept »Managen durch Herumlaufen« bekannt gemacht. Diese Technik, die dem Toyota-Konzept *genchi genbutsu* (Hingehen und Ansehen) ähnelt, beinhaltet, dass Manager durch den Betrieb laufen und mit den Mitarbeitern an ihrem Arbeitsplatz interagieren sollten.

Ziel ist, Kommunikation, Zusammenarbeit und Vertrauen im Unternehmen zu fördern – anstelle der psychologischen und physischen Trennung zwischen Management und Belegschaft. Die Covid-19-Pandemie hat Tom dann gezwungen, sein Konzept abzuwandeln in ein »Managen durch Herumzoomen«:

> *Zoom ist nicht emotionslos. Zoom ist nicht menschenfeindlich. Ja, es ist anders, aber ich glaube wirklich daran. Alles, was wir über Zoom sagen, hat man früher auch über Ferngespräche gesagt.*
>
> *Und es ist einfach nur dieselbe Entpersönlichung … dass wir spätestens seit der Telegrafie virtualisieren. Telegrafie war Zoom, oder? Reines, pures, ungefiltertes Zoom. Und dann das Telefon.*

In seinem Buch *Tom Peters' Compact Guide to Excellence* macht er seinen Standpunkt klipp und klar:

> *Der entscheidende Punkt ist, dass das Konzept »Managen durch Herumlaufen« wichtiger ist denn je – und da remote zu arbeiten mehr und mehr zur Norm wird, müssen nun neue Formen der nahen und persönlichen Interaktion zum Mittelpunkt Ihrer täglichen Aktivitäten werden.*

Unterschätzen Sie nicht die Kraft von Beziehungen und Verbindungen. Es ist für Ihren Erfolg in allen Aspekten des Lebens entscheidend wichtig, dass Sie häufig mit anderen interagieren. Persönliche Interaktion und Kommunikation ist dabei vorzuziehen, daher sollten Sie sich auch so oft wie möglich für diese Option entscheiden.

Bloß die Klappe halten

- → Sie wollen lernen, wie Sie in Ihrer Kommunikation effektiver werden.
- → Sie fragen sich, wie Sie in schwierigen Gesprächen Ihre Emotionen unter Kontrolle halten können.
- → Sie interessieren sich für die Kraft des Schweigens.

Abbildung 7.3: Eine Szene aus der Episode »Exit Event« aus *Silicon Valley*, 2019. *(Quelle: John Altschuler, Mike Judge und Dave Krinsky)*

Zu den Möglichkeiten, als Führungskraft Größe zu zeigen, gehört es, mehr zuzuhören als selbst zu reden. Das habe ich von einem der lustigsten Menschen gelernt, die ich kenne, Dan Lyons. Sein Blog *The Diary of Fake Steve Jobs* und seine ersten beiden Bücher *Disrupted* und *Lab Rats* legen die Absurditäten der Tech-Branche bloß.

2023 veröffentlichte Dan dann *STFU: The Power of Keeping Your Mouth Shut in an Endlessly Noisy World* (STFU = Shut The Fuck Up – Bloß die Klappe halten). Darin bekennt er sich zu einem Grundfehler, den er habe: Er könne die Klappe nicht halten. Das habe negative Auswirkungen sowohl auf sein Privat- als auch sein Berufsleben – so habe ihn zum Beispiel HubSpot gefeuert, weil er sich zu unverblümt geäußert hätte, und das habe ihn 8 Millionen Dollar gekostet.

Na ja, 8 Millionen hier und 8 Millionen da … aber irgendwann summiert sich das auch mal und dann geht es richtig ins Geld.

Um 2023 wird dann »Je weniger du redest, desto mehr bekommst du« Dans Mantra, und dem stimme ich auch als Podcaster zu. (Ich überlasse meinen Gästen gern 90 % der Sendezeit.) Hier Dans fünf Tipps zum Thema Klappehalten:

- Weniger oder sogar gar nichts sagen: Dan rät: »Tu so, als wären Worte Geld, und gib sie mit Bedacht aus« – statt auf gut Glück loszulabern, um im Zentrum der Aufmerksamkeit zu stehen.
- Die Kraft der Pause beherrschen: Die Referendare der Richterin Ruth Bader Ginsburg lernten, dass sie, nachdem sie ihr etwas gesagt hatten, erst »One Mississippi … two Mississippi« zählen sollten, bevor sie weiterredeten.
- Immer mit der Ruhe in den Social Media: Wenn Sie bei Social Media aktiv sind, sollten Sie überlegen, lieber mehr zu lesen und weniger zu posten. Fällt Ihnen jemand ein, von dem Sie sich wünschen würden, dass er oder sie in den Social Media aktiver wäre?
- Zuhören lernen: Viele Menschen hören nicht zu, wenn sie selbst nicht reden. Sie warten ab, bis sie selbst wieder etwas sagen können. Statt darüber nachzudenken, was Sie selbst sagen wollen, sollten Sie lieber darüber nachdenken, was Ihr Gegenüber sagt.
- Die Stille suchen: Wenn alles andere nichts nutzt, dann hauen Sie ab, schalten Sie aus, schalten Sie ab. Sorgen, dass Sie etwas verpassen könnten, sind höchstwahrscheinlich unbegründet.

Schweigen zeigt Kraft. Es zeigt, dass Sie das Tempo kontrollieren und den Leuten Gelegenheit geben, das Gesagte zu verdauen. Und es zeigt, dass Sie Ihre Emotionen unter Kontrolle haben und sich Zeit nehmen, die Situation zu verstehen. Schweigen ist oft eloquenter als Reden.

Risiken reduzieren

- → Sie möchten Risiken reduzieren und das Vertrauen in Ihr Unternehmen stärken.
- → Sie fragen sich, wie Sie Ihre Entscheidungsfindungsprozesse verbessern können.
- → Sie wollen besser auf unvorhergesehene Ereignisse vorbereitet sein.

Vielleicht fragen Sie sich, was Risikoreduzierung mit Vertrauen und menschlicher Größe zu tun hat. Die Verbindung entsteht dadurch, dass Sie eine selbstbewusstere und inspirierendere Führungskraft werden, wenn Sie nicht ständig Krisen zu bekämpfen haben … was den Ton fürs ganze Unternehmen vorgibt.

Abbildung 7.4: Stanley McChrystal während der Truppeninspektion bei seiner Verabschiedungszeremonie im Fort McNair in Washington (D. C.) 2010. *(Quelle: The Washington Post/Getty Images)*

General Stanley McChrystal ist Vier-Sterne-Armeegeneral im Ruhestand nach 34 Jahren Dienstzeit. Neben anderen Auslandseinsätzen kommandierte er von 2009 bis 2010 die internationalen Sicherheitskräfte in Afghanistan und Sondereinsatzkräfte von

2003 bis 2008. Mit anderen Worten: Er hatte mit jeder Menge Risiko zu tun.

McChrystals Buch *Risk: A User's Guide* ist das erhellendste Buch zum Thema Menschenführung, das ich in den letzten 40 Jahren gelesen habe. Hier die Regeln zur Risikoreduktion, die ich von ihm gelernt habe:

- Testen, testen, testen! Gehen Sie nicht davon aus, dass Systeme, Menschen und Ausrüstung so funktionieren wie geplant. Schalten Sie, metaphorisch oder buchstäblich, den Strom ab und schauen Sie, was passiert. Simulieren Sie Angriffe und beauftragen Sie einen Advocatus Diaboli, Ihre Pläne zu zerpflücken.
- Vorausschauende Rückschauen durchführen: Nehmen Sie an, Sie würden scheitern. Sammeln Sie sämtliche Gründe, warum es wohl zu diesem Misserfolg gekommen ist. Eliminieren Sie anschließend so viele Schwachstellen wie möglich. Dieses Verfahren ermittelt mehr Risiken und Gefahren, weil das Ziel darin besteht, schon im Voraus auf alle möglichen Gefahren zu kommen.
- Manöverkritik abhalten: Hier handelt es sich um die nachträgliche Bewertung der Ereignisse. Ziel ist eine exakte Dokumentation der Ereignisse und eine Isolierung der Dinge, die beim nächsten Mal anders gemacht werden könnten oder sollten.

Risiken und Gefahren sind allgegenwärtig und unvermeidlich. Ihre Aufgabe besteht darin, unnötige Risiken so weit wie möglich zu reduzieren und die Resilienz und Leistungsfähigkeit Ihres Teams zu steigern. Das führt zu einem Unternehmen mit höherer Überlebensfähigkeit und zu einem vertrauenerweckenden Umfeld, das Menschen in die Lage versetzt, Dinge zu bewegen.

»Ich weiß es nicht« sagen

→ Sie möchten eine glaubwürdigere und vertrauenswürdigere Führungskraft werden.
→ Sie fragen sich, wie Sie andere inspirieren können, zu lernen und sich weiterzuentwickeln.

→ Sie müssen ein gutes Vorbild für eine offene, ehrliche und transparente Kommunikation abgeben.

Überlegen Sie mal einen Moment, was es die meisten Führungskräfte kostet, zu sagen: »Ich weiß es nicht.« Das sind in den meisten Gesprächen zwar die kraftvollsten Worte, aber wie oft hören Sie sie tatsächlich?

Hier Beispiele dafür, dass das durchaus geht:

> *Je mehr ich lerne, desto mehr erkenne ich, wie viel ich nicht weiß.*
>
> Albert Einstein

> *Das größte Hindernis vor Entdeckungen ist nicht Unwissenheit – es ist die Illusion von Wissen.*
>
> Daniel Boorstin

> *Ich weiß nicht alles, aber ich weiß, wenn Sie Erfolg haben wollen, dann müssen Sie bereit sein, Risiken einzugehen.*
>
> Ginni Rometty

Bemerkenswerte Menschen sagen »Ich weiß es nicht«, weil Sie wissen, wie viele Vorteile diese kraftvolle Aussage mit sich bringt:

- Glaubwürdigkeit: Wenn Sie zugeben, was Sie nicht wissen, verleiht das Ihren Äußerungen zu Dingen, die Sie sehr wohl wissen, mehr Glaubwürdigkeit.
- Bescheidenheit: Es zeigt, dass Sie bescheiden sind und bereit, zuzuhören und zu lernen.
- Motivation: Wenn Sie andere zwingen, Dinge selber herauszufinden, motivieren Sie diese Personen, zu lernen, wie man lernt.
- Transparenz: Sie sind ein gutes Vorbild für einen offenen, ehrlichen und transparenten Umgang. Das gibt den Ton für das gesamte Unternehmen vor.

Bei der Äußerung dieser Aussage sind zwei Spezialfälle zu beachten. Erstens: Wenn Sie zu Beginn Ihrer Karriere oder Tätigkeit im

Job sagen »Ich weiß es nicht«, dann müssen Sie unbedingt sofort folgen lassen: »Aber ich werde es herausfinden und Ihnen die Antwort liefern.« Ihr Job ist es, Lösungen zu finden.

Zweitens: Wenn Sie Manager oder sonstige Führungskraft sind und die Leute Sie fragen »Was wird passieren?« oder »Was sollen wir tun?«, dann reicht ein »Ich weiß es nicht« als Antwort nicht aus. Sondern Ihre Antwort muss auch Hoffnung und Optimismus vermitteln.

In diesen Fällen ist »Ich weiß es nicht« also nur der Anfang einer guten Antwort. Fahren Sie fort mit: »Aber wir werden das herausfinden, zusammenarbeiten und unser Bestmögliches tun, um Erfolg zu haben.«

Es ist also in Ordnung, das eigene Unwissen zuzugeben. Ja, es kann sogar Ihre Glaubwürdigkeit und Vertrauenswürdigkeit erhöhen. Aber Sie sollten das Ganze auf eine Weise äußern, die Optimismus einflößt.

Weiterführende Literatur

Archambeau, Shellye. *Unapologetically Ambitious: Take Risks, Break Barriers, and Create Success on Your Own Terms.*

Bryar, Colin. *Working Backwards: Insights, Stories, and Secrets from Inside Amazon.*

Cohen, Geoffrey. *Belonging: The Science of Creating Connection and Bridging Divides.*

Fadell, Tony. *Build: An Unorthodox Guide to Making Things Worth Making.*

McChrystal, Stanley. *Risk: A User's Guide.*

Nalebuff, Barry. *Split the Pie: A Radical New Way to Negotiate.*

Niño, Martha. *The Other Side: From a Shack to Silicon Valley.*

Peters, Tom. *In Search of Excellence: Lessons from America's Best Run Companies* (deutsch: *Auf der Suche nach Spitzenleistungen).*

Rometty, Ginni. *Good Power: Leading Positive Change in Our Lives, Work, and World.*

Thoroughgood, Christian, Katina Sawyer und Jennica Webster. »Creating a Trans-Inclusive Workplace.« *Harvard Business Review,* März–April 2020.

Zimbardo, Phil. *The Lucifer Effect: Understanding How Good People Turn Evil* (deutsch: *Der Luzifer-Effekt: Die Macht der Umstände und die Psychologie des Bösen).*

8 Mit Anstand durchs Leben gehen

»Die beste Möglichkeit, sich selbst zu finden, ist sich im Dienst für Andere zu verlieren.«
Mahatma Gandhi

Alle Menschen wertschätzen

→ Sie fragen sich, wem Sie glauben, vertrauen und Bewunderung schenken sollen.
→ Sie wollen erfahren, wie Sie Menschen Ehre erweisen sollen, die Ihnen geholfen haben.
→ Sie suchen nach Beispielen für menschliche Größe aus dem wirklichen Leben (im Unterschied zu Käfigkämpfen, Yachten und Buyouts).

Hier kommt eine Story über Carol Dweck, die Sie noch nie gehört haben. Sie handelt zwar nicht direkt von ihrem großen Thema Wachstumsdenken, offenbart aber ihre menschliche Größe und Aufmerksamkeit, und das dürfte es Ihnen wiederum leichter machen, ihre Ideen aufzugreifen. Sie ist in jeder Hinsicht bemerkenswert.

Zwischen 2010 und 2019 reisten sie und ich um die Welt, um Reden zu halten. Ich hielt pro Jahr 50 bis 75 Reden. Sie womöglich mehr. Wenn die Leute mich fragten, wo ich in diesen Jahren eigentlich geschrieben habe, antwortete ich: »In den Club Lounges von United Airlines.«

Wir wohnten beide 50 Kilometer vom San Francisco International Airport entfernt, und wir nutzten zufällig beide denselben Limousinen-Service, der von einem netten Kerl namens Chris Webster betrieben wurde. Er war eine One-Man-Show – keine Website, kein Flotte von S-Klassen-Mercedes-Autos, einfach nur Chris und ein alter Lincoln Town Car.

Er fuhr reiche und berühmte Unternehmer, Manager und Venture-Capital-Finanzierer aus dem Silicon Valley, die sich auf den Weg machten, um die globale Vorherrschaft zu erringen. (Wenn Sie mehr über diese Multimillionäre erfahren wollen, sollten Sie Chris' Buch *Confessions of a Chauffeur* lesen.)

Abbildung 8.1: Guy, Carol Dweck und Nate Kawasaki bei der Gedenkfeier für Chris Webster 2019. *(Quelle: David Goldman)*

Leider starb Chris 2019, und am Sonntag, den 7. April 2019 fand in der Unity Palo Alto Church ein Gedenkgottesdienst für ihn statt. Ich nahm mit meinem Sohn Nate an der Feier teil. Es war eine kleine Veranstaltung mit rund 50 Trauergästen – kein Bono, keine Norah Jones, kein Al Gore, nur Freunde und Familie.

Aber Carol Dweck und ihr Mann waren da.

Das heißt, von den hunderten von Leuten, die Chris alle um 5 Uhr morgens aufgelesen, nach Mitternacht erwartet, an Feiertagen und Wochenenden gefahren hatte, war nur Carol Dweck gekommen. In ihre Arbeit war ich eh schon verliebt, aber als ich sie da bei Chris' Beerdigung sah, stieg sie in meiner Achtung an die Spitze aller Menschen, die ich bewundere.

Sie wollte Chris Ehre erweisen und betrachtete ihn nicht nur als einen »Fahrer« aus ihrem Adressbuch. Sie besitzt echte menschliche Größe, und ich hoffe, diese Story wird Ihnen dazu verhelfen, auch ihre Lehre vom dynamischen Selbstbild aufzugreifen. Was Menschen tun, wenn es nicht um Geld oder Ruhm geht, sagt eine Menge über sie aus.

Dankbar sein für das, was man hat

- → Sie würden gern dankbarer sein.
- → Sie fragen sich, wie Sie sich aufs Positive im Leben konzentrieren können.
- → Sie haben mit Herausforderungen zu kämpfen und wollen Hoffnung finden.

Ich wurde nicht in Reichtum und Macht hineingeboren, und vielleicht war das mein Glück, denn ein Leben in Reichtum und Macht kann einen Menschen auch unglücklich, mittelmäßig und langweilig machen.

Aber ich habe das Glück, dass meine Eltern Opfer gebracht haben, um mir ein gutes Leben zu ermöglichen. Sie haben mir Liebe und Unterstützung gegeben und eine gute Ausbildung ermöglicht: an der Iolani School in Hawaii, der Stanford University und der University of California in Los Angeles.

Ich habe das Glück, dass ich bei guter Gesundheit bin. Noch mit 69 kann ich jeden Tag surfen gehen, und dass ich gelegentlich Migräne-Attacken habe und fast taub bin, damit kann ich leben.

Ich habe das Glück, dass ich eine liebevolle Frau, vier liebevolle Kinder und viele liebevolle Freunde habe. Sie sind der Segen, der für mein glückliches Leben am wichtigsten ist.

Ich habe das Glück, dass meine Arbeit, mein Schreiben, meine Podcast-Aufnahmen, meine Investitionen und meine Beratertätigkeit mir finanzielle Sicherheit beschert haben. Mir fehlt nichts, und ich beneide niemanden, außer vielleicht Surfer, die beim Wellenreiten das »Hang Ten« schaffen, das heißt, so weit vorne stehen können, dass alle zehn Zehen über die Spitze hinausragen.

Machen Sie doch an dieser Stelle mal eine Pause und schreiben Sie drei Punkte auf, die in Ihrem Leben ein großer Segen sind:

1. ______________________________

____

2. ______________________________

____

3. ______________________________

____

Alle Gäste, die ich für *Remarkable People* interviewt haben, waren dankbar für das, was sie haben, selbst wenn das nur wenig war und sie zahlreiche Probleme hatten. Alle.

Beherzigen, dass Erfolg verpflichtet

→ Sie möchten auf der Welt etwas bewirken, indem Sie andere unterstützen.
→ Sie fragen sich, wie Sie Ihren Erfolg und Ihre Erfahrung nutzen können, um anderen zu helfen.
→ Sie suchen nach Möglichkeiten, wie Sie etwas an Ihre Community zurückgeben können.

Jacob Martinez ist Direktor von Digital NEST, einer Organisation, die lateinamerikanischen Jugendlichen in Watsonville (Kalifornien) hilft, Karrierewege einzuschlagen, die eine Alternative zur Arbeit im landwirtschaftlichen Sektor bieten. Mitte 2023 textete er mir, er habe gute Neuigkeiten.

Und die hatte er tatsächlich. Die Stiftung Yield Giving hatte angekündigt, Digital NEST mit einer Spende von mehreren Millionen Dollar zu unterstützen. Wow! Yield Giving ist die Stiftung, die von MacKenzie Scott ins Leben gerufen wurde, der Ex-Frau von Amazon-Gründer Jeff Bezos, und ist mehrere Dutzend Milliarden wert. (Sie hätte noch mehr bekommen, wäre John Conway ihr Anwalt gewesen.)

Hier der Wortlaut des Text-Austauschs zwischen Jacob und mir:

> Guy: *Wow. Die Bücher und DVDs haben sich ja ganz schön zusammengeläppert! War es furchtbar, ihre Überprüfung zu überstehen?*
>
> Jacob: *Wir haben uns nicht mal beworben. Ihr Team hat uns gesagt, sie verfolgten seit einiger Zeit unsere Arbeit, und sie sei echt beeindruckt gewesen. Wir hatten ein kurzes Interview und ein paar Monate später kam dann ein Anruf.*

Abgesehen davon, dass keine Bewerbung nötig war, sind mit dieser Zuwendung auch keinerlei Berichtspflichten und Vorschriften verbunden. MacKenzie sagt: »Wir finden gut, was Sie da machen. Wir vertrauen Ihnen. Weiter so!« Das ist ein bemerkenswertes Beispiel für großherziges Spenden.

Abbildung 8.2: Jacob Martinez bei Digital NEST in Watsonville (Kalifornien) 2023. Die Schüler lernen hier, Videos zu bearbeiten. *(Quelle: Guy Kawasaki)*

Vier Jahrzehnte zuvor, in einer Zeit, als ich noch zum College ging, erklärte mir mein Vater das Konzept *Adel verpflichtet:* die Idee, dass Privilegien Verantwortung und Pflichten mit sich bringen. Nur der Part »Adel« gefällt mir hier nicht; denn das klingt so, als gelte dieses Konzept nur für »Kaiser und Könige«.

Besser ist der Ausdruck »*Erfolg* verpflichtet« – in dem Sinne, dass jeder und jede, der oder die Erfolg hat, auch moralische Verantwortung und Pflichten trägt. MacKenzie Scott ist hier ein hervorragendes Beispiel. Sie müssen dafür aber keine Milliardärin sein.

Hier ein paar handfeste Möglichkeiten, wie Sie der Verpflichtung durch Ihren Erfolg nachkommen können:

1. Mentorenschaft übernehmen.
2. Geld geben.
3. Waren oder Dienstleistungen geben.
4. Waren oder Dienstleistungen kaufen.
5. Waren oder Dienstleistungen bewerben und empfehlen.
6. Waren, Dienstleistungen oder Programme gemeinsam entwickeln.
7. Als Referenz fungieren.
8. Ein gutes Beispiel geben.

Mit diesen acht Aktivitäten dürften Sie eine ganze Weile beschäftigt sein, vielleicht sogar den Rest Ihres Lebens. Damit bewirken Sie etwas, und sei es nur für einige Personen.

Anderen zum Erfolg verhelfen

- → Sie fragen sich, wie Sie Ihre ehrenamtlichen Bemühungen optimieren können.
- → Sie brauchen ein paar konkrete Ideen, wie Sie anderen helfen können.
- → Sie möchten mehr über das Konzept »Helper's High« erfahren.

Das großherzige Umsetzen des Anspruchs »Erfolg verpflichtet« durch Hilfe für andere ist ein Merkmal bemerkenswerter Menschen. Schauen wir uns daher einmal an, wie wir solche Hilfe optimieren können.

Allan Luks ist Co-Autor von *The Healing Power of Doing Good*. Er hat seine Karriere dem Verständnis ehrenamtlicher Tätigkeit gewidmet, mit Schwerpunkt auf der Frage, wie es der eigenen mentalen und physischen Gesundheit helfen kann, wenn man anderen hilft. Ich glaube allerdings, dass Luks' Ratschläge, wie sich ehrenamtliche Tätigkeit optimieren lässt, sowohl für die Helfenden als auch für die Hilfeempfänger gelten.

Hier acht seiner Ideen, wie sich dieses Ziel erreichen lässt:

- Persönlich helfen: Wenn Sie können, sollten Sie versuchen, den Menschen persönlich zu begegnen, denen Sie helfen wollen, und Zeit mit ihnen zu verbringen. Das stärkt die Verbindung zwischen Ihnen. Autonome Tätigkeiten wie das Ausfüllen von Überweisungen oder das Sammeln von Kleidern und Lebensmitteln sind zwar auch wichtig, aber der persönliche Touch hilft beiden Seiten.
- Häufig helfen: Luks zufolge liegt der magische Wert für ehrenamtliche Tätigkeit bei zwei Stunden pro Woche. Häufige persönliche Hilfe lässt Verbindungen entstehen, da die Hilfeempfänger sehen, dass sie Ihnen wichtig sind.
- Fremden helfen: Freunden und Familienangehörigen zu helfen ist zwar wichtig, aber dabei handelt es sich ja um Personen, denen Sie helfen »müssen«. Die Unterstützung Fremder dagegen ist freiwilliges Handeln und nicht lästige Verpflichtung und wird wahrscheinlich sehr geschätzt werden.
- Gemeinsamkeiten teilen: Wenn Sie mit den Menschen, denen Sie helfen, Dinge gemeinsam haben, steigert das die Wirkung. Wenn Sie zum Beispiel beide an der gleichen Krankheit oder Notlage leiden, stärkt diese Gemeinsamkeit Empathie und soziale Bindung.

- Über Organisationen tätig werden: Wenn eine Hilfeorganisation Ihren Bemühungen Struktur verleiht, ist das von Vorteil. Das liegt daran, dass Sie mit höherer Wahrscheinlichkeit dabeibleiben werden, wenn Ihre Hilfe in offizielle Programme eingebunden ist.
- Fachkenntnisse nutzen: Wenn Sie gute Qualifikationen und Fachkenntnisse für die benötigte Hilfe mitbringen, führt das zu einem noch stärkeren Gefühl der Leistung, Selbstbestimmung und echten Nützlichkeit. Und was die Hilfeempfänger angeht: Wie würde es Ihnen wohl gefallen, wenn Ihnen von Personen geholfen wird, die gar nicht wissen, was sie da tun?
- Sich verausgaben: Wenn Ihre Unterstützung Anstrengung erfordert, werden Engagement und Aufmerksamkeit gestärkt. Interessanterweise kann solche Anstrengung zu vermehrter Energie führen statt zu Erschöpfung. Und Ihr fleißiger Einsatz wird von den Personen, denen Sie helfen, bemerkt und geschätzt werden.
- Loslassen: Entscheidend wichtig ist, dass Sie Ihr Bestmögliches geben, dann aber »loslassen«, wenn das Ergebnis erreicht ist. Versuchen Sie, sich über die sozialen Bindungen zu freuen, die Sie aufgebaut haben, und das Erwarten der Vorteile zu unterdrücken, die Sie zu bekommen oder ermöglichen versuchen. Das baut für alle Beteiligten Spannungen ab.

Luks glaubte, dass die Unterstützung anderer das von ihm so genannte »Helper's High« herbeiführen kann, also eine »Euphorie des Helfenden«. Dazu gehören positive Empfindungen, vermehrte Energie und höheres Selbstwertgefühl. Letztlich ist das Ganze eine Win-win-Situation: Hilfe für andere kann sowohl Ihr eigenes emotionales Wohlergehen fördern als auch das der Hilfeempfänger; wenn Sie anderen helfen, profitieren Sie also auch selbst.

Klug intervenieren

→ Sie fragen sich, wie Sie das Selbstwertgefühl anderer Menschen fördern können.
→ Sie brauchen ein paar konkrete Techniken für kluges Intervenieren.
→ Sie suchen nach Möglichkeiten, wie Sie durch kleine, taktische Schritte eine positive Wirkung erzielen können.

Geoffrey Cohen, der Professor an der Stanford University, der das Konzept der »guten Situationen« entwickelt hat, empfiehlt auch »kluge Interventionen«. Er definiert sie als »Interventionen, die das Zugehörigkeits- und Selbstwertgefühl der Menschen stärken«.

Solche Interventionen sind kurz (zehn Minuten), kosten nicht viel und zielen auf eine langfristige Verhaltensänderung ab. Er erklärte mir die Technik am Beispiel einer Studie in der Region Miami-Dade, bei der Meinungsforscher von Tür zu Tür gingen, um über Transgender-Rechte zu diskutieren. Die Interviews waren folgendermaßen strukturiert:

- Offene, zum Nachdenken anregende Fragen stellen wie etwa »Was halten Sie von Transgender-Rechten?«, um eine Diskussion in Gang zu bringen.
- Den Antworten der Leute zuhören und die Gültigkeit ihrer Meinung bestätigen, um ihnen ein »Mitspracherecht« einzuräumen.
- »Analoge Perspektivenübernahme« einbauen; dabei handelt es sich um das Aufrufen der persönlichen Erfahrungen und Emotionen einer Person. Beispielsweise sagten die Meinungsforscher: »Es gibt viele Fälle, in denen Menschen die Verletzung erleben, dass sie anders behandelt werden, nur weil sie anders sind. Fällt Ihnen eine Situation aus Ihrem eigenen Leben ein, in der Sie so etwas auch schon mal erlebt haben?«
- Der mitgeteilten Story zuhören, in welcher die Person anders behandelt wurde.

- Das Erlebte und Gelernte festhalten: »Wenn wir unser heutiges Gespräch betrachten, wie hat es Ihre Ansichten über Transgender-Rechte beeinflusst? Hat es Sie in irgendeiner Weise verändert? Denken Sie, Sie werden diese künftig stärker unterstützen, weniger stark unterstützen oder unverändert bleiben?«

Folgendermaßen fasste Geoffrey die Ergebnisse zusammen:

> *Sechs Monate später stellten sie fest, dass diese Menschen sehr viel verständnisvoller für Transgender-Rechte waren und sogar die Wahrscheinlichkeit gestiegen war, dass sie gegen Anti-Transgender-Hasspropaganda Stellung beziehen würden.*
>
> *Ich finde, das ist unglaublich inspirierend und läuft der verbreiteten Meinung zuwider, die Menschen änderten sich nicht. Die Menschen ändern sich sehr wohl, nur braucht es dafür die richtigen Schlüssel.*

Mit klugen Interventionen ist eine transformative Kraft verbunden, denn sie erinnern uns daran, dass die Menschen zwar fähig sind sich zu ändern, es dazu aber oft die richtige Mischung aus Empathie, Selbstreflexion und Commitment braucht.

Wenn wir anderen die passenden Fragen stellen, ihren Antworten zuhören und sie ermuntern, über ihre eigenen Erfahrungen nachzudenken, können wir in ihnen ein Zugehörigkeits- und Selbstwertgefühl fördern.

Die Erwartungen übertreffen

→ Sie möchten erfahren, wie Sie in Ihrem Berufs- und Privatleben die Erwartungen übertreffen können.

→ Sie suchen konkrete Beispiele dafür, wie Erwartungen übertroffen werden können.

→ Sie möchten wissen, ob gut »gut genug« ist.

Abbildung 8.3: Tankstelle und Restaurant Ranch Milk in Watsonville (Kalifornien) 2023. *(Quelle: Guy Kawasaki)*

Im Sommer 2023 hatte ich beim mexikanischen Grill-Restaurant Ranch Milk in Watsonville (Kalifornien) etwas zum Mitnehmen bestellt. Der Koch vergaß, die vier Garnelen-Tacos beizulegen, die ich bestellt hatte. Als ich eine Woche später das nächste Mal dort war, erwähnte ich das, und die Mitarbeiterin am Tresen bestand sofort darauf, mir vier Garnelen-Tacos mitzugeben, einfach nur auf mein Wort hin.

Als ich die Geschichte zwei Freunden erzählte, meinten beide, ihre Entscheidung wäre eine ganz normale Reaktion gewesen und keine große Sache. Ich war nicht dieser Meinung, daher fragte ich zwei Experten: Andrew Zimmern (Fernsehmoderator) und Roy Yamaguchi (Gründer der Kette Roy's Restaurants).

Hier ist das, was sie dazu gesagt haben:

> Andrew Zimmern: *Das ist in vielerlei Hinsicht ein Übertreffen von Erwartungen! Aber es sollten viel mehr Geschäftseigentümer ihren Mitarbeitern an der Kundenfront die Möglichkeit einräumen, die Dinge genau so zu regeln. Ich wette, du wirst da*

immer wieder hingehen. Das ist echte Gastlichkeit, und so sollten viel mehr Leute verfahren, aber das tun nur wenige.

Roy Yamaguchi: *Spontan würde ich sagen: Beeindruckend, was für ein toller Kundendienst! Wenn Mitarbeiter zur Tat schreiten und Lösungen für ein Problem finden, dann ist das unbezahlbar. Wenn man für so etwas mitunter ein Okay der Geschäftsleitung bekommt, fühlt sich das nicht so an, wie wenn es spontan erfolgt.*

Verstehen Sie mich bitte nicht falsch: Es ist natürlich eine wunderbare Sache, wenn Sie oder Ihr Unternehmen die Erwartungen in großem Stil übertreffen, zum Beispiel wenn Elektroautos eine viel größere Reichweite haben als offiziell angegeben, aber es zählen auch die kleinen Dinge.

Hier die Grundkonzepte für das Übertreffen von Erwartungen:

- Mehr tun als erwartet: Lehrkräfte sind hier ein gutes Beispiel. Sie korrigieren außerhalb ihrer regulären Arbeitszeit Klausuren und bereiten ihren Unterricht vor. Sie kaufen von ihrem eigenen Geld Unterrichtsmaterialien. In meinem Buch ist das Unterrichten schon an und für sich ein bemerkenswerter Beruf.
- Den Menschen vertrauen: Das ist das, was im Falle meiner fehlenden Tacos passiert ist. Die Mitarbeiterin am Tresen hatte das Vertrauen, dass ich sie nicht etwa um vier Tacos betrügen wollte. Mathematisch betrachtet überwiegt der Gewinn an positivem Karma, Kundentreue und Mundpropaganda bei Weitem den potenziellen Verlust durch vier erschwindelte Tacos.
- Flexibel sein: Vor einigen Jahren war ein Surfer-Kollege von mir gestorben. Zwölf von uns plus seine Familie gingen zu einem Restaurant, weil wir seiner gedenken und einen Brunch einnehmen wollten. Obwohl das Restaurant fast leer war, wollte es unsere Gruppe nicht aufnehmen. Im Café Cat & Cloud ein Stück die Straße runter, wo wir anschließend fragten, gab es nur im Mitarbeiterbereich einen ausreichend großen Tisch, und der Geschäftsleiter erlaubte uns, dort zu sitzen. Im erstgenannten Restaurant war ich danach über ein Jahr lang nicht mehr zum Essen.

Alle diese Methoden haben eines gemeinsam: Sie bewirken, dass sich die Menschen wertgeschätzt fühlen. Wenn Sie die Erwartungen übertreffen, zeigen Sie sich großzügig mit Ihrer Zeit, Ihrem Einsatz und Ihrem Vertrauen. Das ist das Zeichen für einen bemerkenswerten und großherzigen Menschen, und das Ganze kann sowohl in großen Gesten als auch in Form von Understatement daherkommen.

Ich bin ein Pedant, wenn es um Einheitlichkeit geht, und so endet in jedem Kapitel auch jeder Abschnitt mit einer Zusammenfassung wie hier im vorigen Absatz. Nur hier nicht. Denn ich wollte auch gern noch belegen, dass Lehrerinnen und Lehrer generell mehr tun als erwartet. Ich habe diese Frage der bemerkenswerten Kelly Gibson gestellt, ihres Zeichens Highschool-Lehrerin im ländlichen Oregon. Hier ihre Antwort:

> *Mehr zu tun, als unsere Pflicht ist, gehört bei fast allen Lehrerinnen und Lehrern, die ich kenne, nicht nur zum Beruf dazu, nicht nur jeden Tag dazu, sondern praktisch jede Stunde unserer Arbeit dazu.*
>
> *Ja, es stimmt, wir kaufen zusätzliche Unterrichtsmaterialien für unsere Klassen, wir machen viele Überstunden, weit über das Erwartete hinaus, wir verzichten auf Zeit mit der Familie, wir arbeiten auch vor und nach den Schulstunden mit Schülerinnen und Schülern, aber eines der wichtigsten Kriterien, wie wir diese Eigenschaft zeigen, würde ich sagen, besteht in unserem Bemühen, Verbindungen zu unseren Schülerinnen und Schülern aufzubauen.*
>
> *Lehrerinnen und Lehrer kümmern sich zwangsläufig um alle Personen in ihrer Klasse. Wir geben auf sie acht, wenn sie traurig sind. Wir freuen uns mit ihnen, wenn sie fröhlich sind. Wir nehmen an ihren Veranstaltungen außerhalb der Schulzeit teil. Wir ermuntern sie, auch in anderen Unterrichtsfächern gute Leistungen zu bringen. Und wir werden zum Teil ihres Lebens, wie auch sie zum Teil unseres Lebens werden.*
>
> *Und diese Verbindungen bleiben oft auch noch lange bestehen, nachdem unsere Schülerinnen und Schüler nicht mehr in unserer Klasse sind und wir gar nicht mehr die Verantwortung für sie tragen.*

Erfolg anders bewerten

→ Sie fragen sich, wie Sie Ihren Erfolg auf sinnvolle Weise messen können.
→ Sie brauchen ein paar konkrete Beispiele, wie man mehr Wirkung, Erfüllung und Zufriedenheit erreichen kann.
→ Sie möchten zu der Denkart gelangen, dass es das ultimative Ziel im Leben ist, etwas bewirken zu wollen.

Der Lackmustest für menschliche Größe ist die Frage, was den Menschen wichtig ist. Durch meine Interviews mit hunderten bemerkenswerten Menschen bin ich im Laufe der Zeit zu der Schlussfolgerung gelangt, dass es für diese Menschen höhere Priorität als der eigene Ruhm hat, anderen Menschen zu helfen, und dass sie so auch »Erfolg« definieren.

Als ich zum Beispiel den Filmregisseur Jon M. Chu fragte, wie er seinen Erfolg messe, antwortete er: anhand der Qualität der Rollen, welche die Schauspieler seiner Filme in Zukunft erhalten. Bemerkenswert zu sein bedeutet, dass Sie darüberstehen, Ihren Selbstwert anhand von Geld, Macht oder Ruhm zu messen.

Wie Sie Erfolg bewerten, sagt eine Menge über Sie aus. Daher hier ein paar Bereiche, die Sie checken können, um zu sehen, ob Sie auf dem richtigen Wege sind:

- Wirkung: Sal Khan, der Schöpfer der nicht-kommerziellen Lern-Website Khan Academy, hat mir erzählt, ihm sei wichtig, wie viele Kinder auf der Welt er zu unterrichten geholfen habe. Bemerkenswerte Menschen bewerten ihren Erfolg daran, wie sehr sie die Welt verbessert haben, nicht daran, wie viel Geld oder Macht sie angehäuft haben.
- Erfüllung: Das heißt, Sie machen gern, was Sie tun, und Sie tun, was Sie gern machen. Was auch immer diese Aktivität ist, sie erfüllt Sie mit Energie und liefert Ihnen einen Grund zu leben. Sie haben das Gefühl, etwas Nobles und Gutes zu tun.

- Beziehungen: Ein Maß für Erfolg ist die Qualität Ihrer Beziehungen. Sie haben hoffentlich Freude in das Leben anderer gebracht, und andere haben hoffentlich Freude in Ihr Leben gebracht. Kurz: Sie haben geliebt und wurden geliebt.
- Wachstum: Sie können Ihren Erfolg daran messen, wie viele Kenntnisse und Fähigkeiten Sie im Lauf Ihres Lebens erworben haben. Das heißt, es ist befriedigend, den eigenen Horizont zu erweitern. Sogar wenn es sich darum handelt, das Surfen zu erlernen.
- Belastbarkeit: Sie sind wahrscheinlich erfolgreich, wenn Sie es schaffen, angesichts von Herausforderungen und Misserfolgen nicht aufzugeben. Mit anderen Worten: Haben Sie bestanden, als Sie getestet wurden? Und können Sie künftig auch weitere Tests bestehen? Wenn ja, dann können Sie sich zum Sieger erklären.
- Zufriedenheit: Das heißt, dass Sie sich nach nichts mehr sehnen – außer vielleicht nach mehr Zeit für Familie und Freunde. Zufriedenheit zeigt, dass Sie realisiert haben, was im Leben wirklich wichtig ist.

Menschen, die Ihren Erfolg auf diese Weise bewerten, besitzen fast immer menschliche Größe. Wenn auch Sie Ihren Erfolg auf diese Weise bewerten, werden auch Sie menschliche Größe erlangen. Menschen, die ihren Erfolg anhand von Geld, Macht und Ruhm bewerten, besitzen selten menschliche Größe. Sie betrachten alle anderen als Mittel zum Zweck.

Ihr Leben läuft letztlich auf Ihr Vermächtnis zu, und dieses Vermächtnis wird dadurch bestimmt, wie Sie Erfolg bewertet haben. Ich hoffe, Sie werden das Leben der Menschen verbessert haben. Ich hoffe, die Welt wird besser sein, weil Sie auf ihr gelebt haben. Das ist die Art von Vermächtnis, die zählt und die von bemerkenswerten Menschen angestrebt wird.

Nach oben treten, nicht nach unten

- → Sie möchten mitfühlender und verständnisvoller gegenüber anderen werden.
- → Sie brauchen Hilfe, um Verhaltensweisen zu erkennen und zu vermeiden, die sich als ein Treten nach unten bezeichnen lassen.
- → Sie wollen andere Menschen beflügeln, nicht herunterziehen.

Nach unten zu treten heißt, andere herabzusetzen, zu kritisieren oder zu attackieren, die weniger Macht, Geld oder soziales Standing haben. Nach unten getreten wird in den USA 2023 meist gegen benachteiligte Gruppen: Auseinandersetzungen Weiß gegen Schwarz, Mann gegen Frau, Reich gegen Arm, Stärker gegen Schwächer.

Ein bemerkenswert unsympathisches Beispiel für ein solches Nach-unten-Treten ereignete sich 2015, als der damalige republikanische Kandidat für die US-Präsidentschaft, der Milliardär Donald Trump, sich über Serge Kovaleski lustig machte, einen Reporter, der eine Krankheit namens Arthrogryposis hat.

Abbildung 8.4: *New-York-Times*-Reporter Serge Kovaleski. Er leidet unter einer Erkrankung, die multiple Gelenk-Kontrakturen verursacht. *(Quelle: Neilson Barnard/Getty Images)*

Dieses Leiden führt zu multiplen Gelenk-Kontrakturen und -Deformationen. Trump vollführte wilde, linkische Armbewegungen, um Kovaleski bei einer Kundgebung in Myrtle Beach (Südkalifornien) 2015 zu verspotten. Trumps Wunsch, einen Menschen zu erniedrigen, um damit Lacherfolge zu erzielen, war deutlich zu erkennen. Das ist das perfekte Beispiel für ein Verhalten, das für bemerkenswerte Menschen unangebracht ist.

Kurz gesagt: Nach unten zu treten ist etwas für Arschlöcher. Es spiegelt einen vollständigen Mangel an Anstand, Klasse und Intelligenz wider. Nach oben zu treten kann dagegen, strategisch eingesetzt, Nutzen bringen:

- Anhänger mobilisieren: Einem mächtigeren Gegner die Stirn zu bieten kann zusätzliche Mitarbeiter und Unterstützer einbringen.
- Geld sammeln: Erinnern Sie sich, wie Olivia Julianna die Attacken von Matt Gaetz genutzt hat, um Geld für das Recht auf Abtreibung zu sammeln?
- Eine Botschaft aussenden: Nach oben zu treten kann die Botschaft aussenden, dass Sie nicht stillschweigend das Feld räumen wollen.

Hier ein Beispiel für ein strategisches Nach-oben-Treten: Am 18. Mai 2023 hielten die Studenten des New College of Florida ihre eigene Abschlussfeier ab, weil sie gegen die feindliche Übernahme der Hochschule durch Konservative protestieren und nach oben treten wollten. Sie nannten die Zeremonie »On Our Terms« (Wortspiel: Zu unseren Bedingungen oder Zu unseren Semestern).

Bei der offiziellen Abschlussfeier der Hochschule am nächsten Tag trat Dr. Scott Atlas auf, ein Berater Donald Trumps während der Pandemie. Er wurde von Rufen wie »Mörder«, »Hör auf, von dir selbst zu reden« und »Verzieh dich« unterbrochen.

Bemerkenswerte Menschen treten nicht nach unten. Ignorante, arrogante, gefühllose Arschlöcher treten nach unten. Ende der Diskussion. Bemerkenswerte Menschen dagegen, die etwas bewirken wollen, setzen ein Nach-oben-Treten auf strategische Weise ein.

»Wie« fragen

→ Sie möchten verständnisvoller und empathischer gegenüber Menschen sein, die anderer Überzeugung sind als Sie.
→ Sie fragen sich, wie Sie produktivere Gespräche mit Menschen führen können, die nicht Ihrer Meinung sind.
→ Sie brauchen Hilfe, um im Gespräch mit Menschen, die gegensätzliche Überzeugungen vertreten, das Streiten zu überwinden und stattdessen eine Verbindung herzustellen.

Dieses Prinzip lernte ich 2022 beim Interview mit Mark Labberton kennen, dem ehemaligen President des Fuller Theological Seminary, einer Bildungseinrichtung, die ihre Studenten auf die Führungstätigkeit und Arbeit in christlichen Organisationen vorbereitet.

Unser Interview entwickelte sich zu einer Diskussion über die geistige Haltung von Evangelikalen, wenn sie ein Verhalten befürworten, das nicht mit den Lehren Jesu Christi vereinbar ist. Mark sagte mir, bei der Interaktion mit Menschen, mit denen man nicht einer Meinung ist, solle man sich weder darauf konzentrieren, *was* diese Menschen glauben, noch, *warum* sie es glauben.

Er empfahl, stattdessen zu fragen, *wie* sie zu ihrer Überzeugung gelangt sind. Diese Perspektive fördere ein größeres Verständnis und womöglich sogar Empathie anstelle von Feindseligkeit:

> *Diese Frage nach dem »Wie?« ist wirklich etwas ganz anderes als ein: »Warum glauben Sie das?«*
>
> *»Wie« ist ein Narrativ, und fast alle unsere »Warums« sind durch solche »Wies« unterlegt. Also: »Wie sind Sie zu der Überzeugung gelangt, dass das wahr sei? Wie sind Sie zu dieser Denkweise gelangt? Wie kam es, dass Sie das Leben in der von Ihnen beschriebenen Art kennengelernt haben, die nun diese Reaktion von Ihnen verlangt? Wie hat sich das tatsächlich entwickelt?«*
>
> *Diese Frage »Wie?« kann ein wunderbares Werkzeug sein, um Menschen, die anders sind als der jeweils andere, zu helfen, dass sie auf andere Weise zueinander finden. Wenn ich hier sitze und jemanden die Story von der Seele reden lasse, wie er oder*

sie zu dieser Überzeugung gelangt ist, bin ich plötzlich in einer ganz anderen Position, als wenn wir einfach nur eine Debatte geführt hätten.

Ein »Warum« schafft am Ende oft eine Abwehrhaltung, aber ein »Wie« schafft eine Einladung: »Ich möchte dich kennenlernen und ich möchte deine Geschichte kennenlernen.«

Wenn ich auf die Zeit zurückblicke, als ich noch Technikbotschafter für Macintosh bei Apple war, hätte ich anstelle der Frage, welches Betriebssystem jemand nutze und warum, auch fragen können, wie es gekommen ist, dass er oder sie MS-DOS oder Windows nutzt. Ich hätte ein besserer Technikbotschafter für Macintosh sein können, hätte ich das damals gewusst.

Für Sie ist immer noch Zeit, nicht denselben Fehler zu machen wie ich.

Die Frage nach dem »Wie« fördert Verständnis und Empathie. Sie hilft Ihnen, das Streiten zu überwinden, wenn Sie mit Menschen sprechen, die gegensätzlicher Überzeugung sind. Diese Strategie hilft Ihnen nicht nur, eine tiefer gehende Verbindung herzustellen, sondern auch, als Beeinflusser und Führungskraft aus eigener Kraft effektiver zu werden.

Lernen, wie man sich entschuldigt

→ Sie möchten lernen, wie eine gute Entschuldigung aussieht.
→ Sie brauchen Hilfe bei der Aufgabe, Verantwortung für Ihr Handeln zu übernehmen und Empathie zum Ausdruck zu bringen.
→ Sie möchten ein bemerkenswerterer Mensch werden, indem Sie tun, was zu tun ist und was von Ihnen erwartet wird.

Es wäre ja schön, wenn Sie nie etwas falsch, fehlerhaft oder unzureichend machen würden, aber so läuft es im Leben halt nicht. Wenn Sie mit Anstand durchs Leben gehen wollen, ist der Weg zum Ziel, ein bemerkenswerter Mensch zu werden, mit Fehlern und Misserfolgen gepflastert. Eine gute Entschuldigung trägt dann viel dazu bei, Fehler zu korrigieren und Verbindungen zu knüpfen.

Lisa Leopold, meine gute Freundin aus dem Middlebury Institute of International Studies, hat einen Kurs in Business Communication für internationale Studenten gehalten und ist daher auch eine Expertin für Entschuldigungen. Hier ihre vier Bestandteile einer guten Entschuldigung:

- Zu Beginn »Es tut mir leid« sagen oder »Ich bitte um Entschuldigung«: Keine Aussagen wie »Ich hatte nicht die Absicht« oder »Es war ein Versehen«. Einfach sagen, dass es Ihnen leidtut, weil es an Ihnen ist, ernsthaft um Entschuldigung zu bitten.
- Spezifizieren, was Sie getan haben: Sonst wissen die Leute nicht, was Ihnen leidtut. Extrem ausgedrückt: Tut es Ihnen leid, dass man sie erwischt hat, oder tut Ihnen leid, was Sie getan haben? Kommen Sie nicht mit Etiketten wie »Versehen«, »bedauerlich«, »Pech« oder »unbeabsichtigt«.
- Verantwortung übernehmen: Machen Sie keine Einschränkungen wie »sollte ich beleidigt oder verletzt haben«. Denn das impliziert, dass es Ihnen nicht leidtun würde, falls Sie niemanden beleidigt oder verletzt haben. Übernehmen Sie die Verantwortung. Wichtig ist, was die anderen denken, nicht was Sie denken.
- Empathie ausdrücken: Ihre Entschuldigung sollte ein Anerkennen des Schadens beinhalten, den Sie verursacht haben. Das erreichen Sie, indem Sie Empathie zum Ausdruck bringen.

Ich habe Lisa gebeten, ein paar öffentliche Entschuldigungen zu benoten. Hier meine beiden Lieblingszeugnisse. Im ersten Fall geht es um Mark Zuckerberg, der sich für eine Sicherheitslücke im Jahr 2013 entschuldigt, durch die Facebook-Kundeninformationen an die Öffentlichkeit gelangt waren:

> *Wir haben unsere Verantwortung nicht umfassend genug gesehen, und das war ein großer Fehler. Es war mein Fehler, und es tut mir leid. Ich habe Facebook ins Leben gerufen, ich betreibe es, und ich bin dafür verantwortlich, was hier passiert.*

Hier Lisas Analyse von Marks Entschuldigung:

> *Note 3. Die Entschuldigung beginnt mit dem Pronomen »wir«. Wenn das Ganze eine Entschuldigung für ein persönliches Vergehen sein soll, schwächt der Gebrauch des Pronomens »wir« diese Verantwortung ab. Das Wort »Fehler« ist, auch wenn es ein »großer Fehler« ist, nur eine schwache Charakterisierung des Vergehens.*
>
> *»Unsere Verantwortung nicht umfassend genug« gesehen zu haben ist kein adäquates Anerkennen eines Fehlverhaltens, weil man hier nicht per se wirklich etwas falsch gemacht hat, sondern halt nur nicht genug von einer Sache getan hat. Mit den Worten »Es war mein Fehler« wird versucht, die Verantwortung zu übernehmen, und während das »mein« hier tatsächlich Verantwortung reklamiert, schwächt das Wort »Fehler« die Darstellung des Vergehens wieder ab.*
>
> *Es wird nicht klar, ob das »Es tut mir leid« ein Ausdruck der Entschuldigung oder des Bedauerns ist, und die Worte erfolgen mit Abstand zur Nennung des Verstoßes. Mit dem Ausdruck »Ich habe Facebook ins Leben gerufen, ich betreibe es« erklärt er nur das Offensichtliche und fügt der Entschuldigung nichts von Wert hinzu.*
>
> *Es ist gut zu sagen »ich bin dafür verantwortlich, was … «, um Verantwortung zu übernehmen, aber die Wortwahl »was hier passiert« legt nahe, dass er womöglich nicht die Kontrolle über die Vorgänge im Unternehmen haben könnte.*

Als Zweites hier eine Entschuldigung von Paul Sherrell, einem Mitglied der staatlichen Gesetzgebung in Tennessee, der 2023 vorgeschlagen hatte, zum Tode verurteilte Straftäter an Bäumen zu erhängen:

> *Meine überspitzten Bemerkungen sollten meine Überzeugung vermitteln, dass eine gerechte Gesellschaft für die grausamsten und abscheulichsten Verbrechen die dem entsprechende Todesstrafe braucht. Auch wenn die Familie eines Opfers nicht wiederhergestellt werden kann, wenn eine Exekution durchgeführt wird, unterminiert eine geringere Strafe den Wert, den wir auf*

den Schutz des Lebens legen. Meine Absicht war es, meine Unterstützung für Familien zum Ausdruck zu bringen, die oft Jahrzehnte auf Gerechtigkeit warten. Ich entschuldige mich aufrichtig bei allen, die womöglich verletzt oder beleidigt wurden.

Hier Lisas Analyse von Pauls Entschuldigung:

Note 4. Der größte Teil dieser Entschuldigung liest sich wie eine Rechtfertigung seines Vorschlags (wie er es mit »sollten« und »Absicht« in seiner Erklärung zweimal zum Ausdruck bringt).

Es findet sich hier absolut keine Reue. Dass er seine Bemerkungen »überspitzt« nennt, erfasst kaum, wie abstoßend sie sind. Die Worte »Ich entschuldige mich aufrichtig« sind zwar angemessen, aber er entschuldigt sich dann nicht wegen der Grenzüberschreitung, sondern wegen der (potenziellen) Gefühle anderer.

Durch den Gebrauch der Worte »allen, die womöglich verletzt oder beleidigt wurden« wird sogar angedeutet, dass es womöglich gar keine Leidtragenden gebe. Die Rechtfertigung für die Grenzüberschreitung, das Fehlen von Reue, die Andeutung, dass es womöglich gar keine Leidtragenden gibt, die Verschleierung der Schwere seines Vergehens und das Entschuldigen allein für die potenzielle Verletzung (statt für das Vergehen) machen diese Entschuldigung ziemlich furchtbar.

Ich würde noch eine weitere Empfehlung zum Thema Entschuldigungen ergänzen: Wie bei so vielen Dingen im Leben ist auch bei Entschuldigungen das Timing alles. Je länger Sie warten, desto schwieriger wird es, sich zu entschuldigen, und desto mehr Schaden richtet das Fehlen einer Entschuldigung an.

Wenn Sie sich allerdings zu schnell entschuldigen, kann das Opfer Ihre Eile auch als Versuch interpretieren, das Geschehene zu bagatellisieren und rasch wieder zur Tagesordnung überzugehen. Mein Rat ist, dass Sie mit Ihrer Entschuldigung auf einen Moment von ausreichender Bedeutungsschwere warten.

Um zusammenzufassen, was wir hier über Entschuldigungen gesagt haben (und was wahrscheinlich mehr ist, als Sie je über das Thema wissen wollten): 1. Sagen Sie einfach »Es tut mir leid«; 2. Übernehmen Sie die Verantwortung für Ihr Handeln; 3. Zeigen Sie Mitgefühl und 4. Wählen Sie den geeigneten Moment.

Über Kleinigkeiten hinwegsehen

- → Sie möchten lernen, im Zweifel zugunsten des Angeklagten zu entscheiden.
- → Sie fragen sich, wie Sie auf Mikroaggressionen auf eine Weise reagieren können, die sowohl produktiv als auch respektvoll ist.
- → Sie möchten lernen, sich nur über Dinge Gedanken zu machen, auf die es ankommt.

Sie können über einen Menschen genauso viel lernen, wenn Sie sehen, was er oder sie ignoriert, wie daraus, was für ihn oder sie Priorität hat. Und: Je mehr Dinge Menschen ignorieren, desto mehr Zeit und Energie haben sie fürs Wesentliche.

Bei allem Respekt für Sokrates, John Locke und Thomas Gray, die alle als mögliche Quellen für die Redensart »Ignorance is bliss« (etwa: Unwissenheit ist ein Segen) gehandelt werden – es kann zwar etwas Gutes sein, etwas nicht zu wissen, aber noch besser ist die Fähigkeit, Kleinigkeiten zu ignorieren.

Hier ein persönliches Beispiel: 1994 wohnte ich mit meiner Frau und unserem kleinen Sohn in San Francisco. Unser Haus lag einen Block vom Presidio-Park entfernt in einer teuren, überwiegend weißen Wohngegend.

Als ich eines Tages die Bougainvillea vor unserem Haus beschnitt, kam eine ältere, weiße Frau zu mir und fragte mich: »Übernehmen Sie auch Rasenmähen?« Ich erwiderte: »Weil ich Japaner bin, haben Sie jetzt angenommen, dass ich der Gärtner bin, ja?«

Ein paar Wochen später kam mein Vater zu Besuch und ich erzählte ihm die Story. Ich erwartete, er würde sich aufregen und darüber ärgern, dass sie seinen Sohn, den gebildeten Autor und ehemaligen Apple-Manager, für den Gartenbediensteten gehalten hatte.

Stattdessen sagte er: »Statistisch gesehen hatte sie in der Gegend, wo ihr hier wohnt, wahrscheinlich recht. Also ärgere dich nicht und mach dich nicht verrückt.« Und ob Sie es glauben oder nicht: Das war ein Schlüsselmoment in meinem Leben, denn er hat mich gelehrt, dass ich keinen Streit suchen und im Zweifelsfall zugunsten des Angeklagten entscheiden soll.

Abbildung 8.5: Die Bougainvillea-Hecke, mit der meine Gärtnerkarriere begann und endete. *(Quelle: Beth Kawasaki)*

Hier die Grundprinzipien der Superkraft, ignorieren zu können:

- Nichts persönlich nehmen: Die Dame, die mich gefragt hat, ob ich auch ihren Rasen mähen würde, hatte gar nicht unbedingt vor, mich zu demütigen. Und wenn Apple eine Strategie fährt, die dir auf die Nerven geht, brauchst du auch nicht zu denken, dass Tim Cook dir persönlich etwas will. Der hat gar keine Ahnung, wer du bist oder wer ich bin.
- Nicht an Dingen stören, die eh nicht zu ändern sind: Wenn Sie an einer Situation nichts ändern können, lassen Sie es gut sein. Beispiel: Die Fluggesellschaft hat Ihren Flug verschoben, weil erst noch die Tragflächen enteist werden müssen. Was bringt es dann, die Mitarbeiter am Gate anzuschreien? Außerdem wird Ihre Verspätung noch viel größer, wenn das Flugzeug wegen zu hohen Gewichts abstürzt.
- Im Zweifel für den Angeklagten: Die Menschen sind fast jederzeit fleißig und kompetent und tun ihre Arbeit, daher sollten Sie mit der Einstellung durchs Leben gehen, dass die Menschen gut sind, ehe nicht das Gegenteil erwiesen ist. Ich würde den Menschen sogar zwei, drei Fehlversuche zugestehen, bevor ich irgendwelche Schlussfolgerungen ziehe. Die Bougainvillea-Dame wollte wahrscheinlich einfach nur ihren Rasen gemäht bekommen und war nicht mit Absicht rassistisch.
- Beide Seiten betrachten: Sie wissen nie, womit die Menschen gerade zu tun haben und wie sie eine Situation wahrnehmen. Vielleicht hat die Frau, die da Ewigkeiten braucht, um aus der Parklücke herauszukommen, ja gerade einen Todesfall in der Familie erlebt. Sie wissen es nicht. Und eines Tages werden auch Sie selbst in ihrer Lage stecken und genauso abgelenkt und unkonzentriert sein.

Über Kleinigkeiten hinwegzusehen kann auch etwas Befriedigendes haben, weil Sie dann selbst bestimmen und wissen, was Sie nicht an sich herankommen lassen. Und es kann auch gut für Ihr Ansehen sein, weil es letztlich niemanden beeindrucken wird, wenn Sie zum Gegenangriff übergehen (und dabei einen Moment lang ein wenig Euphorie verspüren).

Aber warten Sie, es kommt noch mehr. Ich erwähnte die Story von der Gärtnersuche meiner Nachbarin auch 2022 in meinem Interview mit Frederick Joseph, dem Schwarzen Aktivisten und Autor der Bücher *The Black Friend* und *Patriarchy Blues*. Was das Verhältnis zwischen den Rassen angeht, war inzwischen viel passiert seit der Zeit, als die Frau mich gefragt hatte, ob ich auch Rasenmähen übernehmen würde, und mein Vater mir gesagt hatte, ich solle cool bleiben.

Folgendes hätte ich laut Frederick tun sollen:

> *In dieser speziellen Situation ein echter Dialog zum Thema: »Was Sie da gerade gemacht haben, war problematisch X, Y und Z, und da können Sie sagen, was Sie wollen, aber wenn ich ein Weißer gewesen wäre, der dasselbe macht, bezweifle ich doch sehr, ob Sie das dann auch gemacht hätten.« Ein solches Gespräch hätte bei ihr eher etwas verändert, als wenn Sie sie angeschnauzt hätten.*

Das heißt, ich hätte die Gelegenheit ergreifen können, um ihr zu erklären, dass ihr die Frage auch als rassistisch und demütigend ausgelegt werden könnte. Damit hätte ich ihr gegenüber sowohl das Prinzip »Im Zweifel für den Angeklagten« gewahrt als auch die Gelegenheit genutzt, um ihr etwas zu erklären.

Auf so vieles im Leben haben wir keinen Einfluss. Sehr wohl können wir aber über unsere Reaktionen und Antworten darauf entscheiden. Wenn Sie ein bemerkenswerter Mensch sein wollen, sollten Sie mit Anstand durchs Leben gehen, im Zweifel für den Angeklagten entscheiden und jede Gelegenheit nutzen, um besseres Verständnis und bessere Kommunikation zu fördern. Das heißt, Sie sollten nicht tun, was ich getan habe …

Übrigens sollten Sie Fredericks *The Black Friend* lesen. Das Buch ist eine außergewöhnliche Kombination aus bemerkenswertem Sarkasmus und geistreichen Bemerkungen, die Sie sich nicht entgehen lassen sollten.

Auf meine Eltern hören

- → Sie möchten lernen, sich auch dann mit Würde und Respekt zu benehmen, wenn gerade keiner zuschaut.
- → Sie fragen sich, wie Sie sich mit Ihrer Zeit, Ihrem Geld und Ihren Mitteln großzügig erweisen können, besonders gegenüber Personen, die es brauchen.
- → Sie benötigen Hilfe, um zu verstehen, wie wichtig es ist, einen Ort sauberer zu hinterlassen, als man ihn vorgefunden hat.

Und last, but not least möchte ich Ihnen hier auch noch drei Ratschläge meiner Eltern Duke und Lucy Kawasaki weitergeben. Sie haben zwar keine Zitateposter-Qualität, haben mich aber trotzdem mein Leben hindurch angeleitet:

- Zeig ein wenig Format: Entwürdige oder entwerte dich nicht. Besauf und bekiff dich nicht in der Öffentlichkeit. Mach keinen Krawall. Schikanier keine Leute. Versuch nicht, die Leute zu belehren. »Stille Wasser sind tief.«
- Sei kein Geizhals: Großzügig Trinkgeld geben – Servicekräfte wollen auch leben. Nicht getrennt bezahlen – stattdessen lieber abwechselnd bezahlen. Nicht feilschen, bloß um deine Macht zu beweisen. Die Leute leben und verdienen lassen.
- Lass jeden Ort sauberer zurück, als du ihn vorgefunden hast: Das hat mir meine Mutter eingebläut. Ich erfülle da zwar nicht immer ihre Erwartungen (das musste ich schreiben, falls meine Frau das Buch liest), aber zumindest ist mir das Ziel bewusst. Das ist immerhin schon mal ein Anfang …

Sie werden zahlreiche Gelegenheiten haben, gute Entscheidungen zu treffen – oft, wenn niemand es bemerkt. Die beste Option ist oft nicht die leichteste. Dennoch gehört es, wenn Sie ein bemerkenswerter Mensch sein wollen, dazu, diejenige Option zu wählen, auf die Sie mit Zufriedenheit zurückblicken können.

Weiterführende Literatur

Joseph, Frederick. *The Black Friend: On Being a Better White Person.*

Kawasaki, Guy. *Wise Guy: Lessons from a Life.*

Luks, Allan. *The Healing Power of Doing Good: The Health and Spiritual Benefits of Helping Others.*

Webster, Chris. *Confessions of a Chauffeur.*

9 In Position bringen und loslegen

»Die beste Zeit, um einen Baum zu pflanzen, war vor zwanzig Jahren. Die zweitbeste Zeit ist heute.«
Chinesisches Sprichwort

Nichts zu bereuen haben

- → Sie möchten aus Dingen, die andere Menschen bereuen, etwas lernen, damit Sie in Ihrem eigenen Leben bessere Entscheidungen treffen.
- → Sie fragen sich, wie die häufigsten Arten von Reue aussehen und wie Sie diese vermeiden können.
- → Sie möchten ein moralischeres und mitfühlenderes Leben führen, damit Sie in Ihrer Zukunft weniger zu bereuen haben.

Daniel Pink ist Autor, Redner und Moderator des *World Regret Project*. Letzteres ist eine Website, auf der 19 000 Menschen aus 105 Ländern verraten, was sie in ihrem Leben bereuen. Seine Analyse der Ergebnisse führte zu einem Buch mit dem Titel *The Power of Regret* (deutsch: *Die Kraft der Reue)*.

Wir alle haben etwas, was wir bereuen – auch bemerkenswerte Menschen –, daher können wir aus Daniels Erkenntnissen auch alle etwas lernen, damit wir unsere Prioritäten entsprechend anpassen können. Daniel zufolge sind die vier wichtigsten Arten von Reue die folgenden:

- Reue in Bezug auf die persönlichen Grundlagen: *Menschen auf der ganzen Welt bedauern, dass sie nicht genug Sport getrieben haben, sich nicht um ihren Körper gekümmert haben, in der Schule nicht fleißig genug gelernt haben, nicht gespart haben – alles Dinge, bei denen man seine Arbeit nicht anständig gemacht hat, weswegen die eigene Plattform ein bisschen wackelig ist.*

- Reue wegen fehlenden Muts: *Wie sich in meinen und anderen Untersuchungen zeigt, bereuen die Menschen in überwältigendem Maße Untätigkeit mehr als Handeln. Sie bedauern also weit mehr, was sie nicht getan haben, als was sie getan haben. Die Menschen bereuen, dass sie kein eigenes Unternehmen gegründet haben und stattdessen in einem glanzlosen Job verblieben sind. Und ich habe eine gewaltige Zahl von Menschen auf der ganzen Welt, die bedauern, dass sie eine Person nicht um eine Verabredung gebeten haben.*
- Reue im Zusammenhang mit Beziehungen: *Bedauern in Bezug auf frühere Beziehungen oder auf Beziehungen, die bestehen könnten, aber irgendwie auseinandergegangen sind. Diese Reue in Bezug auf Beziehungen ist die größte Kategorie. Eines der Ergebnisse, die ich beim Betrachten dieser Art von Reue herausgefunden habe, ist, dass unsere Beziehungen in der Regel überhaupt nicht dramatisch enden. Wir denken, unsere Beziehungen würden durch irgendeine Art von regelrechtem Streit enden, und das ist nur ganz selten der Fall. In vielen Fällen gehen sie einfach so auseinander und gehen verloren.*
- Moralische Reue: *Ich habe hunderte von Fällen, in denen Menschen bereuen, dass sie in ihrer Jugend an der Schule andere Kinder drangsaliert haben. Ich hatte zum Beispiel eine Frau, die in Tränen ausbrach, als sie erzählte, wie sie ein anderes Kind gemobbt hatte, als sie acht Jahre alt war, und diese Frau ist jetzt Mitte 50.*

Daniel zufolge zeigen uns diese Arten von Reue, was wir im Leben wirklich wollen. Seine Arbeit unterstreicht, wie wichtig es ist, dass wir durch kluge Entscheidungen unsere Grundlagen legen; die Courage haben, mutig zu handeln; unsere Beziehungen pflegen und wertschätzen; und moralisch und mitfühlend handeln. Wenn Sie diese häufigen Arten der Reue erkennen, können Sie etwas verändern und ein bemerkenswertes Leben führen.

Staceys Credo beherzigen

- → Sie wollen lernen, wie Sie auch bei Rückschlägen durchhalten und Ihre Ziele erreichen.
- → Sie suchen Inspiration durch eine Person, die sich trotz Enttäuschungen ihren Weg freigekämpft hat.
- → Sie brauchen Hilfe im Hinblick auf das Ziel, Ihre Bestimmung zu finden und auf der Welt etwas zu bewirken.

Nach zweijährigem Bemühen konnte ich im Juni 2023 endlich Stacey Abrams interviewen. (Ich werde also nicht reumütig darauf zurückblicken müssen, dass ich aufgegeben hätte, sie in meinen Podcast zu bekommen.) Stacey ist Politikerin, politische Aktivistin, Unternehmerin und Autorin.

Ihre Arbeit für eine höhere Wahlbeteiligung in Georgia 2020 führte zur Wahl zweier demokratischer Senatoren, und das verhinderte eine republikanische Kontrolle über diesen US-Staat. Ihre Aktionen halfen, die Demokratie in den USA zu retten und einen riesigen Rückschritt für die Menschheit zu verhindern.

Sie könnte eines Tages Präsidentin werden, aber sie verlor ihre erste Bewerbung um das Amt des Governor von Georgia 2018, und 2022 verlor sie erneut. Um ein Zitat von Senator Mitch McConnell zu paraphrasieren: *Nevertheless Stacey persists* – dennoch hält Stacey weiter durch.

Stacey war auf Lesereise in Santa Cruz, und wir trafen uns bei mir zu Hause. Nichts hätte mich glücklicher machen können, als bei dieser Gelegenheit *Governor* Abrams interviewen zu können, aber dieses Märchen sollte nicht Wirklichkeit werden.

Das Gute daran ist aber, dass ihre zwei Niederlagen bei der Kandidatur als Governor mir ermöglicht haben zu erkunden, wie sie es geschafft hat, trotz dieser Rückschläge durchzuhalten, was eine wertvolle Lehre für uns alle ist. Ich fragte sie: »Wie schaffen Sie es immer weiterzumachen? Wie schaffen Sie es, weiterhin jeden

Abbildung 9.1: Stacey Abrams und ich mit dem Shaka-Gruß bei mir zu Hause nach unserem Interview im Juni 2023. *(Quelle: Madisun Nuismer)*

Morgen aufzuwachen und aus der Tür zu stürmen?« Worauf sie antwortete:

> *Ich glaube an drei Dinge. Erstens neugierig zu sein. Fragen zu stellen, zu versuchen, über die Dinge nachzudenken, insbesondere über andere Ideen. Das ist einer der Gründe, warum ich schreibe. Deshalb gründe ich Unternehmen. Deshalb gründe ich Organisationen. Darum bin ich politisch engagiert. Ich bin neugierig. Wir müssen auf unsere Welt neugierig sein.*
>
> *Nummer zwei: Probleme zu lösen. Es bereitet mir tiefstes Unbehagen, wenn ich nur weiß, dass etwas nicht richtig ist, und nichts dagegen tue. Ich glaube also daran, Probleme zu lösen. Ich versuche, Dinge zu reparieren. Ich weiß, dass ich es womöglich nicht schaffen werde, aber ich versuche es.*
>
> *Und dann drittens. Und das ist am wichtigsten: Für mich ist es meine Mission, Gutes zu tun. Wenn du weißt, dass da irgendwo etwas ist, versuch, Gutes zu tun. Es sind also drei Dinge, die ich jeden Morgen denke: Sei neugierig, löse Probleme, tue Gutes.*

Das Evangelium nach Stacey ist der perfekte Abschluss für dieses Buch. Ihre Aufforderung »neugierig sein« ist Growth oder Wachsen; »Probleme lösen« ist Grit oder Beharrlich bleiben; und

»Gutes tun« ist Grace oder Größe zeigen. Das ist letzten Endes, was es braucht, um ein bemerkenswerter Mensch zu sein und etwas zu bewirken.

In Position bringen und loslegen

→ Sie haben jetzt genug gelesen und gelernt und wollen zur Tat schreiten.

Ich hoffe, nach meinem Tod können Sie sagen, dass ich Ihnen geholfen habe, etwas zu bewirken. Zum Schluss hier die Top 10 meiner Tipps, um ein bemerkenswerter Mensch zu werden, nachdem wir ja eine so große Menge an Material behandelt haben:

1. Die Welt besser machen: Das ist es, was bemerkenswerte Menschen tun. Geld, Ruhm, Reichtum und Follower sind für gewöhnlich nur Beiwerk. Selbst haben sie keine Priorität.
2. Immer weiter wachsen: Bemerkenswerte Menschen hören nie auf zu lernen. Sie sind neugierig statt langweilig. Sie kommen gar nicht auf die Idee, dass sie »am Ziel« sein könnten oder »fertig« wären.
3. Gute Sachen machen: Diese drei kleinen Wörter definieren, was etwas bewirkt und was bemerkenswerte Menschen tun. Sie liefern den gedanklichen Rahmen für das, was Sie mit Ihrem Leben erreichen wollen.
4. Viele Samenkörner aussäen: Sie müssen viele Eicheln aussäen, um auch nur einige wenige Eichenbäume zu bekommen. Sie wissen nie, welche Eicheln Wurzeln schlagen werden, welche vom Rotwild gefressen werden und welche zu starken und mächtigen Bäumen heranwachsen.
5. Die Flut steigen lassen: Das Leben ist kein Nullsummenspiel, wenn Sie versuchen, die Welt zu verbessern. Steigendes Wasser lässt alle Boote schwimmen. Sinkendes Wasser setzt alle auf Grund.

6. Darauf vertrauen, dass sich die Punkte verbinden: Wie sich die Punkte verbinden, das lässt sich nur im Rückblick erkennen. Es gibt keine Möglichkeit, das Endergebnis vorauszusehen; seien Sie daher nicht zu streng mit sich und versuchen Sie es einfach immer weiter.

7. Das eigene *Ikigai* finden – also das, was Ihrem Leben Sinn und Zweck gibt: Es kann sein, dass Sie dafür Jahre brauchen, und es kann auch passieren, dass Sie vom einen zum anderen wechseln.

8. Sich wertvoll und einzigartig machen: Wenn Sie etwas machen, was benötigt wird, und Sie der oder die Beste darin sind, dann bewirken Sie etwas und sind auf dem Weg, ein bemerkenswerter Mensch zu werden.

9. Bei der Sache bleiben: Wenn Sie Erfolg haben wollen, müssen Sie ein Mal mehr aufstehen, als Sie hingefallen sind. Alle werden vergessen, wie oft Sie gescheitert sind, wenn Sie letztlich Erfolg haben, und Beharrlichkeit geht in der wirklichen Welt über Talent.

10. Mit Anstand durchs Leben gehen: Auf der Straße des Anstands ist nur wenig Verkehr, weil sie nur von bemerkenswerten Menschen beschritten wird. Das heißt, dass Sie anderen Menschen im Zweifel einen Vertrauensvorschuss gewähren und Menschen so lange für gut halten, bis das Gegenteil erwiesen ist.

Bonus: Das Beste aus Entscheidungen machen: In dieser schnell sich wandelnden Welt, mit begrenzten Daten und unter unvorhersagbaren Umständen ist es schwer, die richtigen Entscheidungen zu treffen. Daher sollten Sie Ihre Entscheidungen lieber so gut treffen, wie Sie können, und sich anschließend darauf konzentrieren, das Beste aus diesen Entscheidungen zu machen. Umsetzen geht über Nachdenken.

Beim Surfen verbringt man den größten Teil der Zeit damit, aufs Meer hinauszublicken und nach Wellen Ausschau zu halten. Wenn eine Welle dann gut aussieht, wenden Sie Ihr Brett und paddeln los – das nennt man »Turning and Burning«, also sich in Position bringen und loslegen. Da Sie nun alles wissen, was ich weiß, ist es an der Zeit, dass Sie sich in Position bringen, loslegen und das Beste aus der Welle machen, denn Sie werden 100 % der Wellen nicht erwischen, zu denen Sie nicht hinauspaddeln.

Weiterführende Literatur

Abrams, Stacey. *Our Time is Now: Power, Purpose, and the Fight for a Fair America.*

Nachwort

»Manche Dinge muss man erst geglaubt haben, um sie sehen zu können.«
Guy Kawasaki

Halim Flowers ist Aktivist und Künstler. Ab dem Alter von 16 Jahren saß er 22 Jahre lang im Gefängnis, für einen Mord, den er nicht begangen hatte und zu dem er auch keine Unterstützung oder Beihilfe geleistet hatte.

Im Gefängnis wurde er Künstler, Gelehrter und Autor. Stellen Sie ihn sich als den nächsten Jean-Michel Basquiat vor.

Ich fragte ihn, was es braucht, um seine Ziele zu verwirklichen, da er in der Lage war, viele seiner Ziele zu verwirklichen, während er im Gefängnis saß. Hier seine Antwort:

Ein bemerkenswerter Mensch ist eine Person, die sich einem Ziel verschrieben hat, ganz gleich wie die Chancen oder die Umstände dafür stehen. Auf dieses Ziel kommt sie in jedem Moment zurück, der ihr möglich ist. Und wenn sie nicht physisch etwas dafür tut, dann denkt sie daran. Sie stellt es sich vor.

Sie besitzt die Kühnheit, sich selbst so sehr zu lieben, dass sie es immer wieder neu bemerkt, dass sie ihr Ziel mit den Augen, dem Herzen, der Seele, der Zunge, dem Körper also immer wieder markiert, um auf etwas hinzuarbeiten, was die meisten Menschen gar nicht sehen können. So etwas ist bemerkenswert.

Abbildung N.1: Halim Flowers mit dem Gemälde Think Remarkable, das er nach unserem Interview im November 2023 schuf.*(Quelle: Lauren McKinney)*

Liste von Profilen

»Der Ruhm kommt für gewöhnlich zu denen,
die an etwas ganz anderes denken.«
Oliver Wendell Holmes

Während ich dieses Buch schrieb, versuchte meine Surfer-Freundin Karon Rohan, zwei anderen Surfern zu erklären, wer ich bin. Sie sagte ihnen, ich hätte einen Podcast mit Gästen wie Jane Goodall, in der Annahme, dass sie allein schon durch die Nennung von Janes Namen meine Anerkennenswürdigkeit begründen würde.

Das war nicht der Fall. Die beiden meinten, sie hätten den Namen Jane Goodall wohl schon mal gehört, wüssten aber nicht wirklich, wer das ist. Nachdem ich mein Erstaunen darüber überwunden hatte (ich wäre fast in Ohnmacht gefallen), wurde mir klar, dass ich nicht davon ausgehen konnte, dass Anspielungen auf Personen immer verstanden werden, und so haben wir diese Liste von Profilen zusammengestellt.

Personen, die Gäste im Podcast *Remarkable People* waren, haben wir gekennzeichnet. Durch eine unabsichtliche Suchoptimierung haben wir herausgefunden: Wenn Sie den Namen der Person googeln und »remarkable people« hinzufügen, bekommen Sie auch die Episode heraus. Beispiel: »David Aaker remarkable people« oder »Stacey Abrams remarkable people«.

Aaker, David. Professor emeritus an der Haas School of Business der University of California in Berkeley. Gilt als »Vater der modernen Markentheorie«. (Gast)

Abbott, Greg. Politiker und Jurist. 48. Gouverneur von Texas. Republikaner.

Abrams, Stacey. Politikerin und Aktivistin aus Georgia. Erfolgreiche Autorin sowohl fiktionaler als auch nichtfiktionaler Literatur. Demokratin. (Gast)

Adams, Cameron. Mitgründer und Chief Product Officer des Softwareunternehmens Canva.

Altschuler, John. Fernseh- und Film-Drehbuchautor und -Produzent. Mitschöpfer der Fernsehserie *Silicon Valley.*

Amendola, Joseph. Koch und Mentor von Roy Yamaguchi. Autor von *Understanding Baking: The Art and Science of Baking.*

Andrisse, Stanley. Endokrinologe und Assistant Professor am College of Medicine der Howard University. Autor von *From Prison Cells to PhD: It Is Never Too Late to Do Good.* (Gast)

Angelou, Maya. Dichterin, Memoirenschreiberin und Bürgerrechtsaktivistin. Autorin von *I Know Why the Caged Bird Sings* (deutsch: *Ich weiß, warum der gefangene Vogel singt).* Grammy-Preisträgerin, Trägerin der Presidential Medal of Freedom und von 50 Ehrendoktortiteln.

Archambeau, Shellye. Geschäftsfrau und frühere CEO des Unternehmens MetricStream. Autorin von *Unapologetically Ambitious.* (Gast)

Atlas, Dr. Scott. Ehemaliger Covid-Berater des Weißen Hauses (Trump-Administration; zwangloser Gebrauch des Ausdrucks »Berater«), Radiologe an der Stanford University.

Atwater, Ann. Bürgerrechts-Aktivistin in North Carolina. Zeigte, dass Schwarze und Weiße zusammen für das Gemeinwohl arbeiten können.

Atwood, Margaret. Autorin von Romanen, Gedichten und Essays, darunter *The Handmaid's Tale* (deutsch: *Der Report der Magd).* Zweimalige Trägerin des Booker Prize und Trägerin des Arthur C. Clarke Award. (Gast)

Balwani, Sunny. President und Chief Operating Officer des Unternehmens Theranos. 2022 verurteilt wegen Betrugs und Verschwörung und anschließend Prisoner 24965-111 im FCI Terminal Island Prison.

Basquiat, Jean-Michel. Erfolgreicher afroamerikanischer Künstler der 1980er-Jahre.

Beck, Simone. Französische Köchin. Mitautorin von *Mastering the Art of French Cooking*.

Beethoven, Ludwig van. Komponist und Pianist.

Benioff, Marc. Mitgründer, Chairman und CEO des Softwareunternehmens Salesforce. Eigentümer des Magazins *Time*. Arbeitete als Sommerpraktikant für Guy bei Apple. (Gast)

Berger, Jonah. Marketingprofessor an der Wharton School. Autor von *Contagious* und *Invisible Influence*. (Gast)

Bertholle, Louisette. Französische Köchin. Mitautorin von *Mastering the Art of French Cooking*.

Bertish, Chris. Big-Wave-Surfer, Paddleboarder, Abenteurer und Motivationsredner. Überquerte den Atlantik solo auf einem Standup-Paddleboard. (Gast)

Bezos, Jeff. Gründer und CEO von Amazon.

Biden, Joe. 46. Präsident der USA. Demokrat.

Boich, Mike. Technology-Unternehmer und Venture-Capital-Finanzierer. Erster Unternehmenssprecher und Technikbotschafter für Macintosh-Software.

Bono. Irischer Singer-Songwriter, Aktivist und Philanthrop. Leadsänger und Hauptsongwriter der Band U2.

Boorstin, Daniel. Historiker, Professor und 12. Direktor der Library of Congress. Für *The Americans: The Democratic Experience* erhielt er 1974 den Pulitzer-Preis für Geschichte.

Brown, Brené. Forschungsprofessorin an der University of Houston und Podcast-Moderatorin. Autorin von *Dare to Lead: Brave Work. Tough Conversations. Whole Hearts.*

Brown, Jim. American-Football-Profi, Schauspieler und Aktivist. Gilt als größter Runningback in der Geschichte der National Football League. Mentor von Ronnie Lott.

Bryar, Colin. Unternehmensberater. Stabschef für Jeff Bezos bei Amazon. Autor von *Working Backwards.* (Gast)

Cameron, Julia. Künstlerin und Lehrerin. Autorin von *The Artist's Way* (deutsch: *Der Weg des Künstlers*). (Gast)

Cameron, Nigel. Imaginärer innerer Kritiker von Julia Cameron.

Campbell-Wilson, Willa Alfreda. Aktivistin, Erzieherin und Klinikerin mit Schwerpunkt Rassismus, Feminismus und Kommunikationsstörungen.

Carlson, Gretchen. Journalistin, Fernsehpersönlichkeit bei Fox News und Aktivistin für Frauenrechte. Trug dazu bei, Roger Ailes zu stürzen, den damaligen CEO von Fox News. (Gast)

Chabris, Christopher. Professor und Experimentalpsychologe. Mitautor von *The Invisible Gorilla.*

Chance, Zoe. Professorin an der Yale School of Management, Forscherin und Klima-Philanthropin. Autorin von *Influence Is Your Superpower* (deutsch: *Wie man Einfluss gewinnt*). (Gast)

Chastain, Brandi. Fußball-Superstar. Zweimalige olympische Goldmedaillengewinnerin und zweimalige FIFA-Weltmeisterin. (Gast)

Child, Julia. Köchin und Fernsehpersönlichkeit. Mitautorin von *Mastering the Art of French Cooking.*

Child, Paul Cushing. Diplomat, Autor und Maler.

Chu, Jon M. Produzent, Drehbuchautor und Regisseur von *Crazy Rich Asians, In the Heights* und *Wicked.* (Gast)

Cialdini, Bob. Gilt als Koryphäe der Überzeugungsarbeit. Autor von *Influence.* (Gast)

Clinton, Bill. 42. Präsident der USA von 1993 bis 2001. Demokrat.

Clow, Lee. Creative Director einer Werbeagentur. Bekannt durch den Apple-Werbespot »1984«.

Cohen, Geoffrey. Psychologie-Professor und Pädagogik-Professor an der Stanford University. Autor von *Belonging.* (Gast)

Conway, John. Tesla-Fahrer, Scheidungsanwalt und Surfer. Halbierte die Beute zahlloser Unternehmer aus dem Silicon Valley. Lumpia-Frühlingsrollen-Hilfskoch.

Conyers, Jonathan. Board-Mitglied der Brooklyn Debate League. Autor von *I Wasn't Supposed to Be Here.* (Gast)

Cook, Tim. CEO von Apple. Erster bekennend schwuler CEO eines Fortune-500-Unternehmens.

Cummings, Elijah. Politiker und Menschenrechtsanwalt, Abgeordneter im US-Repräsentantenhaus. Mentor von Leana Wen. Demokrat.

Dalai Lama. Führender Mönch des tibetanischen Buddhismus und als lebender Buddha betrachtet.

Delbourg-Delphis, Marylène. Tech-Unternehmerin, Silicon-Valley-Philosophin und Denkerin. Autorin von *Beyond Eureka!*

Dell, Michael. Milliardenschwerer Geschäftsmann, Gründer und CEO von Dell Technologies.

DiColandrea, K. M. Pädagoge und Debattierteam-Coach. Gewählt in die »36 to Watch« 2022 der *New York Jewish Week.* (Gast)

Disney, Walt. Trickfilmzeichner, Filmproduzent und Unternehmer. Gründer der Walt Disney Company.

Duckworth, Angela. MacArthur-Fellow. Psychologie-Professorin an der University of Pennsylvania. Wohl die »Mutter von Grit« im Sinne von Beharrlichkeit und Autorin von *Grit.* (Gast)

Dutton, John. Fiktionaler Rancher, gespielt von Kevin Costner in der Fernsehserie *Yellowstone*.

Dweck, Carol. »Mutter des Wachstumsdenkens« oder »des dynamischen Selbstbilds«. Psychologie-Professorin an der Stanford University. Autorin von *Mindset* (deutsch: *Selbstbild*), dem zweiteinflussreichsten Buch in Guys Leben. (Gast)

Earhart, Amelia. Luftfahrtpionierin. Erste Frau, die solo über den Atlantik flog.

Ebert, Dave. Haiforscher. Programmdirektor des Pacific Shark Research Center und Mitglied der Forschungsfakultät der Moss Landing Marine Laboratories. Autor von *Sharks of the World*. (Gast)

Einstein, Albert. Theoretischer Physiker, der die Relativitätstheorie entwickelte.

Ellis, C. P. Ehemaliger »Exalted Grand Cyclops« im Ku-Klux-Klan, der eine Freundschaft und Partnerschaft mit der schwarzen Aktivistin Ann Atwater einging.

Fadell, Tony. Ingenieur und Unternehmer. Entwarf iPod, iPhone und Nest-Thermostat. Autor von *Build*. (Gast)

Feigen, Marc A. Gründer der Unternehmensberatung Feigen Advisors LLC.

Flowers, Halim. Autor, Künstler. Saß 22 Jahre für ein Verbrechen im Gefängnis, das er nicht begangen hatte.

Fogg, B. J. Sozialwissenschaftler und Forscher an der Stanford University. Gründer und Direktor des Stanford Behavior Design Lab. Autor von *Tiny Habits* (deutsch: *Die Tiny-Habits®-Methode*). (Gast)

Fonda, Jane. Schauspielerin, Aktivistin und frühe Nutzerin der Aerobic-Schuhe von Reebok. Gewinnerin von zwei Academy Awards und sieben Golden Globes.

Foster, Joe. Mitgründer von Reebok. Autor von *Shoemaker: The Untold Story of the British Firm That Became a Global Brand*. (Gast)

Frank, Anne. Deutsche Tagebuchschreiberin und Holocaust-Opfer. Autorin des *Tagebuch der Anne Frank.*

Frey, Sarah. CEO und Eigentümerin des landwirtschaftlichen Unternehmens Frey Farms. Schnappschildkrötenbändigerin. Autorin von *The Growing Season.*

Frost, Maxwell. Politiker, Aktivist und Musiker. Erster Angehöriger der Generation Z, der als Abgeordneter im US-Kongress dient. Demokrat.

Gabriel, Peter. Songschreiber, Musiker und Musikproduzent. Leadsänger der progressiven Rockband Genesis.

Gaetz, Matt. Grotesker US-Kongressabgeordneter aus Florida, der andere Menschen aufgrund ihres Aussehens beleidigt. Republikaner.

Gandhi, Mahatma. Anführer der indischen Unabhängigkeitsbewegung gegen die britische Herrschaft.

García, Héctor. Software-Entwickler. Autor von *Ikigai.* (Gast)

Gates, Bill. Mitgründer von Microsoft und Philanthrop.

Gibson, Kelly. Highschool-Englischlehrerin in Rogue River (Oregon). Gen-Z-Flüsterer für Guy. (Gast)

Ginsburg, Ruth Bader. Richterin am Supreme Court der USA von 1993 bis 2020. Vorkämpferin für Frauenrechte und Gleichberechtigung.

Girma, Haben. Taubblinde Anwältin für Behindertenrechte und erste taubblinde Absolventin der Harvard Law School. Surferin. (Gast)

Gneezy, Uri. Professor für Verhaltensökonomie an der Rady School of Management der University of California in San Diego. Autor von *Mixed Signals.* (Gast)

Goldman, David. Direktor, Kritiker und Gründer der Theaterallianz National New Play Network an der Stanford University.

Goodall, Jane. Primatologin, Anthropologin und Autorin. Gründerin des Jane Goodall Institute. (Gast)

Gore, Al. Politiker, Umweltschützer und Autor. Ehemaliger US-Vizepräsident. Seine Diashow über den Klimawandel wurde zum Dokumentarfilm *An Inconvenient Truth* (deutsch: *Eine unbequeme Wahrheit*). Demokrat.

Graham, Bette Nesmith. Unternehmerin und Erfinderin der Schreibmaschinen-Korrekturflüssigkeit Liquid Paper.

Graham, Martha. Pionierin des Modern Dance.

Grandin, Temple. Tierwissenschaftlerin, Stimme des Autismus, Fürsprecherin für Menschen mit Autismus und Autorin. (Gast)

Gray Thomas. Englischer Dichter der Aufklärung. Besonders bekannt durch sein Gedicht *Elegy Written in a Country Churchyard.*

Gruner, Elisabeth Rose. Englisch-Professorin an der University of Richmond in Virginia. (Gast)

Harding, Wanda. Lehrerin für Naturwissenschaften, Mathematik und Physik. Leitende Managerin von NASA-Missionen. Betreute die Mission, die den Rover *Curiosity* zum Mars schickte. (Gast)

Harris, Kamala. Ehemalige US-Vizepräsidentin und US-Senatorin aus Kalifornien. Demokratin.

Hastings, Reed. Unternehmer und Geschäftsmann. Mitgründer, Vorsitzender und ehemaliger CEO von Netflix.

Hawking, Stephen. Theoretischer Physiker, Kosmologe und Autor, bei dem im Alter von 21 Jahren Amyotrophe Lateralsklerose (ALS) diagnostiziert wurde.

Hoffman, Joanna. Frühe Apple-Marketingmanagerin und Mitglied des Macintosh-Teams.

Hogg, David. Aktivist für schärfere Waffengesetze, Überlebender des Schulmassakers an der Parkland Highschool.

Holmes, Elizabeth. Gründerin des Unternehmens Theranos. 2022 wegen Betrugs verurteilt und anschließend Prisoner 24965-111 im Federal Prison Camp in Bryan (Texas).

Holmes, Oliver Wendell. Arzt, Dichter, Schriftsteller und Universalgelehrter. Seine Literatur ist besonders durch die Beobachtungen zur menschlichen Existenz bekannt.

Isaacson, Walter. Autor, Verfasser von Biografien von Steve Jobs, Einstein, da Vinci, Benjamin Franklin, Elon Musk und anderen.

Jenkins, Michael. Partner bei Kearney, einer globalen Managementberatungsfirma.

Jesus. Sohn Gottes.

Jobs, Steve. Mitgründer von Apple. Chairman und CEO von Pixar Animation Studios. Mitglied im Board of Directors der Walt Disney Company.

Jones, Norah. Amerikanische Singer-Songwriterin und Jazzmusikerin. Gewinnerin von acht Grammy Awards, darunter Best New Artist 2003.

Joseph, Frederick. Aktivist und Philanthrop. Autor von *The Black Friend* und *Patriarchy Blues.* (Gast)

Joy, Bill. Tech-Pionier und Mitgründer von Sun Microsystems.

Judge, Mike. Schöpfer der Zeichentrickserie *Beavis and Butt-Head,* Mitschöpfer der Zeichentrickserie *King of the Hill* und der Comedyserie *Silicon Valley.*

Julianna, Olivia. Amerikanische politische Aktivistin, Verfechterin des Rechts auf Abtreibung und In-den-Hintern-Treterin aus Texas. (Gast)

Kassalow, Jordan. Optiker und Sozialunternehmer. Autor von *Dare to Matter.*

Kawasaki, Duke. Vater von Guy.

Kawasaki, Lucy. Mutter von Guy.

Kawasaki, Nate. Graffiti-Künstler und Surfer aus Santa Cruz. Sohn von Beth und Guy Kawasaki.

Kawasaki, Nohemi. Surferin, College-Studentin und Hundeflüsterin aus Santa Cruz. Tochter von Beth und Guy Kawasaki.

Khan, Sal. Pädagoge und Gründer der Khan Academy. Cousin der Fernsehschauspielerin, -moderatorin und -produzentin Nadia Khan. (Gast)

Kovaleski, Serge. Investigativreporter für die *New York Times*. Besonders bekannt durch seine Berichterstattung über den Eliot-Spitzer-Prostitutionsskandal, den Irakkrieg und die Trump-Regierung.

Krinsky, David. Fernsehautor und -produzent. Mitschöpfer der Comedyserie *Silicon Valley*.

Labberton, Mark. Pastor und ehemaliger President und CEO des Fuller Theological Seminary. (Gast)

Land, Edwin. Physiker, Erfinder und Mitgründer der Polaroid Corporation. Am bekanntesten durch die Erfindung der Polaroid-Sofortbildkamera.

Langer, Ellen. Amerikanische Psychologin und Autorin. Bekannt durch ihre Arbeit zur Psychologie des Alterns und der Achtsamkeit. (Gast)

Leakey, Louis. Britischer Paläoanthropologe, der den Ursprung der Menschen in Ostafrika dokumentierte.

Lennon, John. Singer-Songwriter, Mitglied der Beatles.

Leopold, Lisa. Ehemalige Koordinatorin des Programms English for Academic Purposes am Middlebury Institute of International Studies und ehemals außerordentliche Professorin in Middlebury. (Gast)

Lévi-Strauss, Claude. Französischer Anthropologe des 20. Jahrhunderts und einer der einflussreichsten Denker zu den Themen Kultur, Religion und gesellschaftliche Organisation.

Lewis, C. S. Christlicher Apologet und Theologe. Autor der Buchserie *Chronicles of Narnia* (deutsch: *Die Chroniken von Narnia).*

Lightner, Candace. Gründerin der Organisation Mothers Against Drunk Driving (MADD).

Lindstrom, Martin. Experte für Markentheorie und Unternehmenstransformation. Autor von *Buyology.* (Gast)

Locke, John. Philosoph und Arzt, der als einer der einflussreichsten Denker der Aufklärung gilt.

Lott, Ronnie. American-Football-Profi. Viermaliger Super-Bowl-Gewinner mit den San Francisco 49ers. Achtmal für die First-Team-All-Pro Selections ausgewählt und zehnmal für die Pro-Bowl Selections. (Gast)

Luks, Allan. Director emeritus des Center of Nonprofit Leadership an der Fordham University. Mitautor von *The Healing Power of Doing Good.*

Lyons, Dan. Autor und Journalist. Ehemaliger Chefredakteur des Magazins *Forbes* und Autor für *Newsweek.* Autor von *STFU* und *Disrupted.* (Gast)

Lythcott-Haims, Julie. Rednerin und Aktivistin. Frühere Dekanin an der Stanford University. Mitglied des Stadtrats von Palo Alto. Autorin von *How to Raise an Adult.* (Gast)

Mandela, Nelson. Anführer im Kampf gegen die Apartheid und Präsident Südafrikas 1994–99.

Manson, Mark. Blogger. Autor von *The Subtle Art of Not Giving a F*ck.* (Gast)

Mao, Großer Vorsitzender (voller Name: Mao Zedong). Gründervater der Volksrepublik China und Vorsitzender der Kommunistischen Partei Chinas.

Martinez, Angel. Ehemaliger Chief Marketing Officer und Executive Vice President von Reebok International. CEO von Keen, Decker Brands und Rockport.

Martinez, Jacob. Director der Ausbildungseinrichtung Digital NEST in Watsonville (Kalifornien).

Massey, Cade. Practice Professor am Institut für Operations, Information and Decisions der Wharton School und Co-Director Wharton People Analytics.

May-Treanor, Misty. Beachvolleyball-Spielerin, dreimalige Olympia-Goldmedaillengewinnerin, Teamkameradin von Kerri Walsh Jennings.

McChrystal, Stanley A. Vier-Sterne-General im Ruhestand, der 2009–10 als Kommandeur der US- und NATO-Truppen in Afghanistan diente. Autor von *Risk.* (Gast)

McConnell, Mitch. Amerikanischer Politiker, Minderheitsführer im US-Senat aus Kentucky. Republikaner.

McNamara, Garrett. Knallharter Big-Wave-Surfer. Weltrekord für die größte je gesurfte Welle. (Gast)

Milkman, Katy. Professorin für Verhaltensökonomie an der Wharton School. Autorin von *How to Change: The Science of Getting from Where You Are to Where You Want to Be.* (Gast)

Miranda, Lin-Manuel. Schauspieler, Sänger, Songwriter und Bühnenautor. Preisträger von Grammy Award, Pulitzer Prize for Drama und Tony Awards. Zu seiner Arbeit zählen die Musicals *Hamilton* und *In the Heights.*

Moritz, Michael. Venture-Capital-Finanzierer, Philanthrop, Autor und ehemaliger Journalist. Partner bei Sequoia Capital, wo er in Unternehmen wie Google, LinkedIn und PayPal investiert hat.

Nalebuff, Barry. Wirtschaftstheoretiker, Autor und Management-Professor an der Yale School of Management. Autor von *Split the Pie*. (Gast)

Niño, Martha. Aktivistin und Community-Leiterin für studentisches Engagement bei Adobe. Autorin von *The Other Side*. (Gast)

Nuismer, Madisun. Produzentin des Podcasts *Remarkable People*. Mitautorin. Drop-in-Queen von Santa Cruz. Erster bekannter Fall von »Long Bali«.

O'Mara, Margaret. Historikerin und Professorin an der University of Washington. Autorin von *The Code*. (Gast)

Obama, Michelle. Ehemalige First Lady. Autorin und engagierte Kämpferin für eine gesunde Lebensweise, Schulbildung und die Stärkung der Position von Mädchen.

Obrecht, Cliff. Mitgründer und Chief Operating Officer des Softwareunternehmens Canva.

Overfelt, Brian. Surfer und Fotograf.

Panetta, Leon. Politiker und Staatsmann. Diente als Direktor des CIA, Verteidigungsminister und Mitglied des US-Repräsentantenhauses. Demokrat. (Gast)

Pearlberg, Neil. Gastgeber des Podcasts *Off the Lip*. Fortgeschrittener Standup-Paddler in Santa Cruz (Kalifornien).

Peet, Andrea Lytle. Aktivistin und Athletin. Absolvierte nach ihrer ALS-Diagnose Marathons in allen 50 US-Staaten. Mitgründerin der Stiftung Team Drea Foundation. (Gast)

Perkins, Melanie. Mitgründerin und CEO des Softwareunternehmens Canva. (Gast)

Peters, Tom. Unternehmensberater, Redner. Mit Robert H. Waterman Mitautor von *In Search of Excellence* (deutsch: *Auf der Suche nach Spitzenleistungen*). (Gast)

Picasso, Pablo. Maler, Bildhauer, Grafiker, Keramiker, Bühnenbildner, Dichter und Dramatiker.

Pink, Daniel. Experte für Motivation und menschliches Verhalten. Autor von *Drive, The Power of Regret* (deutsch: *Die Kraft der Reue)* und *To Sell Is Human* (deutsch: *Mehr Wert)*. (Gast)

Pinker, Steven. Kognitionspsychologe, Psycholinguist und Professor. Autor von *Enlightenment Now* (deutsch: *Aufklärung jetzt)*. (Gast)

Price, Catherine. Amerikanische Journalistin. Autorin von *How to Break Up with Your Phone.* (deutsch: *Endlich abschalten)*. (Gast)

Rober, Mark. Erfinder, MINT-Botschafter und Autismus-Aktivist. Mitarbeit an der Konstruktion des Rovers *Curiosity* bei der NASA. Schöpfer äußerst beliebter Wissenschafts-Videos auf YouTube. (Gast)

Roberson, Joseph. CEO und geschäftsführender Gesellschafter des California Ear Institute. Fakultätsmitglied und ehemaliger Leiter des Bereichs Otology, Neurology Skull Base Surgery an der Stanford University. Schaute Guy buchstäblich in den Kopf.

Robinson, Ken. Autor, Redner und Bildungs-Botschafter, der für einen kreativeren und inklusiveren Ansatz im Bereich Bildung warb. (Gast)

Rohan, Karon. United-Airlines-Pilotin und Herrscherin über die Wellen beim Surfen.

Rometty, Ginni. Erste weibliche CEO bei IBM. Fürsprecherin für Diversity und Inklusion in der Tech-Branche. (Gast)

Rossman, Alain. Dritter Unternehmenssprecher für Software in der Macintosh-Abteilung. Gründer von neun Tech-Unternehmen.

Rubin, Gretchen. Gastgeberin des Podcasts *Happier*. Autorin von *The Happiness Project* (deutsch: *Das Happiness-Projekt)* und *Life in Five Senses*. (Gast)

Rubin, Rick. Musikproduzent, Mitgründer von Def Jam Recordings. Autor von *The Creative Act: A Way of Being* (deutsch: *Kreativ: Die Kunst zu sein).*

Sanders, Bernie. Amerikanischer Politiker und Aktivist, der als Senior-Senator des US-Staats Vermont dient. Unabhängig.

Sasson, Steven. Elektroingenieur, der 1975 die erste Digitalkamera erfand. Mitglied der National Inventors Hall of Fame.

Sawyer, Katina. Außerordentliche Professorin für Management and Organizations am Eller College of Management der University of Arizona.

Shultz, George. Wirtschaftswissenschaftler, Staatsmann und Diplomat. US-Außenminister unter Präsident Reagan. Board-Mitglied des Unternehmens Theranos.

Shultz, Tyler. Whistleblower, der den Betrug bei Theranos, dem Bluttest-Startup von Elizabeth Holmes und Sunny Balwani, aufdeckte. Enkel von George Shultz. (Gast)

Scott, MacKenzie. Philanthropin und Ex-Frau von Jeff Bezos. Executive Director der Anti-Mobbing-Organisation Bystander Revolution. Autorin von *The Testing of Luther Albright.*

Sherman, Grace. Absolventin des New College of Florida 2023.

Sherrell, Paul. Mitglied des Tennessee House of Representatives. Republikaner.

Simons, Daniel. Professor an der University of Illinois. Berühmt durch das Video *Invisible Gorilla*. Autor von *Nobody's Fool.* (Gast)

Sivers, Derek. Musiker, Zirkusansager und Gründer des Online-CD-Händlers CD Baby. Autor von *Anything You Want.* (Gast)

Sokrates. Griechischer Philosoph, der als einer der Begründer der westlichen Philosophie gilt.

Spielberg, Steven. Filmemacher und Regisseur von *Der weiße Hai*, *E.T. – Der Außerirdische* und *Schindlers Liste*. Drei Academy Awards, 12 Primetime Emmys und neun Golden Globe Awards.

Steinem, Gloria. Feministische Ikone und Journalistin. Mitgründerin des Magazins *Ms.* Mentorin von Jamia Wilson.

Suskind, Dana. Kinderärztin, Autorin und Gründerin sowie Mitdirektorin des TMW Center for Early Learning + Public Health an der University of Chicago. (Gast)

Takei, George. Ikonischer Schauspieler (Steuermann Hikaru Sulu in Star Trek!) und LGBTQ+-Aktivist.

Tandon, Chandrika. Erste indisch-amerikanische weibliche Partnerin bei McKinsey and Company, Grammy-nominierte Musikerin und Aufsichtsratsmitglied beim Lincoln Center for Performing Arts. (Gast)

Thompson, Nancy. Gründerin der Organisation MAGA (Mothers Against Greg Abbott).

Thoroughgood, Christian. Außerordentlicher Professor für Management am J. Mack Robinson College of Business der Georgia State University.

Thunberg, Greta. Schwedische Umweltaktivistin. Bekannt geworden durch ihre Schulstreiks für das Klima.

Tomson, Shaun. Profi-Surfer, der 1977 die Surfweltmeisterschaft gewann. Autor von *Surfer and the Sage*. (Gast)

Trounce, Craig. Mitarbeiter der amerikanischen Kaufhauskette Nordstrom, der einem Kunden eine Rückerstattung für seine Reifen zahlte, obwohl der Kunde diese Reifen bei einem früheren Mieter dieses Gebäudes gekauft hatte.

Trump, Donald. 45. und 47. Präsident der USA. In der ersten Amtszeit zwei Amtsenthebungsverfahren, vier Anklagen in Form des *Indictment* und 91 Anklagen in Form der *Charge* (Stand: 2023). Republikaner.

Ueland, Brenda. Journalistin und Lehrerin. Autorin von *If You Want to Write* (deutsch: *Die Lust zu schreiben)* – dem einflussreichsten Buch in Guys Leben.

Ury, William. Akademischer Anthropologe und Verhandlungsexperte. Mitgründer des Harvard Program on Negotiation. Mitautor von *Getting to Yes*.

Van Doren, Paul. Mitgründer der Schuhfirma Vans. Prägte die Welt des Skateboarding und die Jugendkultur durch innovatives Schuhwerk. Autor von *Authentic*.

Vann, Michael G. Geschichtsprofessor an der California State University in Sacramento. Autor von *The Great Hanoi Rat Hunt*.

Voltaire. Schriftsteller der Aufklärung, Historiker und Philosoph. Berühmt durch seine Kritik am Christentum und seine Befürwortung der freien Rede und der Trennung von Kirche und Staat.

Walsh Jennings, Kerri. Profi-Beachvolleyball-Spielerin. Gewinnerin dreier olympischer Goldmedaillen und einer olympischen Bronzemedaille. (Gast)

Ward, William Arthur. Inspirierender Autor und Denker. Seine Kolumne *Pertinent Proverbs* wurde von der Zeitung *Fort Worth Star-Telegram* veröffentlicht.

Wärendh, Anton. Chief Operating Officer, Unternehmensberatung Feigen Advisors LLC.

Webster, Chris. Limousinen-Fahrer im Silicon Valley, an dessen Beerdigung Carol Dweck teilnahm. Autor von *Confessions of a Chauffeur*.

Webster, Jennica. Direktorin am Institute for Women's Leadership der Marquette University und außerordentliche Professorin am Institut für Management.

Wen, Leana. Ärztin, Expertin für das öffentliche Gesundheitswesen und Kolumnistin für die *Washington Post*. Ehemaliges Kommissionsmitglied des Gesundheitsamts der Stadt Baltimore. (Gast)

Widmann-Levy, Ronit. Leitende Produzentin der TEDx-Veranstaltungen in Palo Alto und Direktorin des Israel Museum Council der Bay Area.

Willis, Raquel. Aktivistin und Autorin für Transgender-Rechte. Autorin von *The Risk It Takes to Bloom*. (Gast)

Wilson, Jamia. Feministische Aktivistin und Redakteurin. Ehemalige Direktorin und Herausgeberin der Feminist Press an der City University of New York. Autorin von *Together We Rise*. (Gast)

Wineburg, Sam. Professor emeritus für Pädagogik und Geschichte an der Stanford University und Gründer der Stanford History Education Group. Autor von *Verified*. (Gast)

Winfrey, Oprah. Talkshow-Moderatorin, Schauspielerin, Produzentin, Autorin und Philanthropin.

Wolfram, Stephen. Computerwissenschaftler, theoretischer Physiker, Autor und Unternehmer. Gründer von Wolfram Mathematica (Software) und Wolfram Alpha (Suchmaschine). Jüngster Mensch, der als MacArthur Fellow ausgezeichnet wurde. (Gast)

Wozniak, Steve. Mitgründer von Apple. Segway-Polo-Spieler. (Gast)

Yamaguchi, Kristi. Eiskunstläuferin, Autorin, Rednerin, Aktivistin und Tänzerin. Gewinnerin der Goldmedaille bei den Olympischen Winterspielen 1992. Siegerin der US-Tanzshow *Dancing with the Stars* 2008. (Gast)

Yamaguchi, Roy. Pionier der Hawaiian-Fusion-Küche. Gründer von Roy's Restaurants, einer Restaurantkette mit Lokalen auf der ganzen Welt. (Gast)

Yousafzai, Malala. Pakistanische Aktivistin für weibliche Bildung und die jüngste Nobelpreisträgerin.

Zimbardo, Philip. Professor für Psychologie an der Stanford University, Autor von *The Lucifer Effect* (deutsch: *Der Luzifer-Effekt*).

Zimmern, Andrew. Koch, Fernsehpersönlichkeit und Food-Autor. Gastgeber der Sendung *Bizarre Foods with Andrew Zimmern*. (Gast)

Zuckerberg, Mark. Mitgründer, Chairman und CEO des Unternehmens Meta.

Liste der Podcast-Gäste

»Der kluge Mensch gibt nicht die richtigen Antworten; er stellt die richtigen Fragen.«
Claude Lévi-Strauss

David Aaker, Jennifer Aaker, Stacey Abrams, Jason Acuna, David Ambroz, Stanley Andrisse, Sinan Aral, Audrey Arbeeny, Shellye Archambeau, Margaret Atwood, Suzy Batiz, Maxine Bedat, Marc Benioff, Richard Benoit, Jonah Berger, Melissa Bernstein, Chris Bertish, John Biewen, Gabrielle Blair, Ken Blanchard, Steve Blank, Jo Boaler, Tiffani Bova, Colin Bryar, Jonah Burger, Susan Cain, Julia Cameron, Gretchen Carlson, Steve Case, Zoe Chance, Gretchen Chapman, Brandi Chastain, Robert Chesnut, Jon M. Chu, Dolly Chugh, Bob Cialdini, Shane Claiborne, Dorie Clark, Geoff Cohen, Cecelia Conrad, Jonathan Conyers, Adam Curry, Doug DeMuro, Erica Dhawan, Rebecca DuBois, Angela Duckworth, John Lee Dumas, Carol Dweck, Esther Dyson, Dave Ebert, Amy Edmondson, Kurt Eichenwald, Pamela Ellis, Amy Errett, Dave Evans, Tony Fadell, Keith Ferrazzi, Tim Ferriss, Kathryn Finney, Ayelet Fishbach, Halim Flowers, Pat Flynn, BJ Fogg, Joe Foster, Latanya Mapp Frett, Sarah Frey, Valerie Fridland, Juliet Funt, Scott Galloway, Héctor Garcia, Caleb Gardner, Henry Gee, Nancy Gianni, Kelly Gibson, Dario Gil, Haben Girma, Uri Gneezy, Seth Godin, Kara Goldin, Marshall Goldsmith, Jane Goodall, Sarah Stein Greenberg, Elisabeth Gruner, Mauro Guillén, Wanda Harding, Mehdi Hasan, Fran Hauser, David Haussler, Jeff Hawkins, Pamela Hawley, Cassie Holmes, Hugh Howey, Arianna Huffington, Michael Hyatt, David Ige, iJustine, Emma Isaacs, Barbara Jenkins, Luuvia Ajayi Jones, Frederick Joseph, Olivia Julianna, Nikhil Kamath, Jodi Kantor, Cody Keenan, Patrice Keet, Tim Kendall, Dave and Doug Kenricks, Jennifer Kerns, Sal Khan, Jerome Kim, Kim Komando, Lauren Kunze, Min Kym, Mark Labberton, Melissa LaHommedieu, Ellen Langer, Lisa Leopold, Jacqui Lewis, Neil A. Lewis Jr., Dominic Lieven, Jennifer Lim, Martin

Lindstrom, John List, Taylor Lorenz, Ronnie Lott, Dan Lyons, Julie Lythcott Haims, Katherine Maher, Mark Manson, Temple Maslach, Christina Maslach, Renée Mauborgne, Stan McChrystal, Gladys McGarey, Syd and Shea McGee, Jane McGonigal, Garrett McNamara, Chris Messina, Katy Milkman, Karen Mullarkey, Vivek Murthy, Barry Nalebuff, Sheila Nazarian, Martha Niño, Randy Nonenberg, Don Norman, Margaret O'Mara, Paul Oyer, Julie Packard, Nicole Paiement, Leon Panetta, Abraham Paskowitz, Josh Peck, Torbjørn Pedersen, Andrea Lytle Peet, Melanie Perkins, Tom Peters, Daniel Pink, Steven Pinker, Catherine Price, Deepa Purushothaman, Stephen Pyne, Anne Rimoin, Mark Rober, Ken Robinson, Rebecca Rolland, Gloria Romero, Ginni Rometty, Robert Rosenberg, Gretchen Rubin, Peter Sagal, Patti Sanchez, Jeremy Sanford, Ted Scambos, Antoinette Schoar, Mark Schulman, Dionne Searcy, Tyler Shultz, Jerry Silver, Daniel Simons, Mike Sinyard, Derek Sivers, Rock Smolan, Martha Stewart, Dana Suskind, Chandrika Tandon, Doris Taylor, Paul Theroux, Shaun Tomson, Neil deGrasse Tyson, Gary Vaynerchuk, Jessica Wade, Jeanne Wakatsuki, Robert Waldinger, Kerri Walsh Jennings, Jim Weber, Tina Wells, Leana Wen, Alden Wicker, Raquel Willis, Jamia Wilson, Chip Wilson, Sam Wineburg, Dave Winer, Esther Wojcicki, Stephen Wolfram, Steve Wozniak, Olympia Yager, Roy Yamaguchi, Kristi Yamaguchi, Andrew Yang, Linda Zhang, Phil Zimbardo und Andrew Zimmern.

Mahalo

»Wenn man Dankbarkeit verspürt und sie nicht zum Ausdruck bringt, dann ist das, als ob man ein Geschenk verpackt und es nicht übergibt.«
William Arthur Ward

Menschen

Ich könnte gute Gründe liefern, warum die Danksagungen – oder in diesem Fall das »Mahalo« – das Erste sein sollten, was man in einem Buch liest. Das Ausmaß an Testen, Redigieren und Überlegen, das in ein Buch einfließt, wird oft gar nicht gesehen und geschätzt.

Aber nicht in meinem Buch! Hier sind die Menschen, die uns geholfen haben, *Bemerkenswert denken* (*Think Remarkable*) zu konzipieren, zu recherchieren, zu schreiben, zu lektorieren und zu produzieren:

Kelly Gibson. In der Computerzeitschrift *Wired* las ich zufällig eine Story über die Auswirkungen von ChatGPT auf den Highschool-Unterricht. Star des Artikels war Kelly Gibson aus Rogue River (Oregon). Was sie zu sagen hatte, beeindruckte mich so stark, dass ich sie als Gast in meinen Podcast holte. Und damit noch nicht genug des Guten: Sie half mir auch noch dabei, dieses Buch auf eine Weise relevant für die Generation Z zu machen, zu der ich allein nicht in der Lage gewesen wäre.

Lisa Leopold. Ich habe 16 Bücher geschrieben. Tausende von Menschen haben die Entwürfe gelesen, und Hunderte haben mir Feedback gegeben. Lisa ist die beste Testerin, der ich je begegnet bin. Ihr Blick fürs Detail und ihr logisches Denken sind bemerkenswert. Und sie ist eine Expertin in der Kunst des Entschuldigens.

Hier dann noch eine Gruppe von Menschen, die ich gezwungen habe, eine Vielzahl von Entwürfen zu lesen und Dutzende von

Titeln, Untertiteln und Cover-Entwürfen anzusehen. Sie haben das alle mit großer Begeisterung, Einsicht und Sorgfalt getan: John »Jian« Conway (er ist auf den Titel des Buchs gekommen), Joana »Zinc Face« Mana, Mark »der Zahnarzt« Nishimura, »Onkel« Troy Obero und Cynthea »Lady Bing« Thomas.

Und auch der Beitrag von Valeria Fridland stand ihnen in kaum etwas nach. Dann sind da noch Mustafa Ammar, Chip Bell, Nadja Conway, Tim Cottrell, Anthony Detro, Michael Dittmar, Lauren Enz, Neenz Faleafine, Kimber Falkinburg, Kathryn Henkens, Erin Holt, Christy Hutton, Beth Kawasaki, Nic Kawasaki, Nohemi Kawasaki, Sakura Kawasaki, Stuart Lord, Jim Lyons, Luis Magana, Bruna Martinuzzi, Bill Meade, Alexis Nishimura, Tessa Nuismer, Deborah Pagnota, Alison Parks, Emily Ann Pillari, George Pillari, Josh Reppun, Melissa Richards, Karon Rohan, Liam Rohan, Eric Schneider, Dan Simons, Craig Stein, Ruth Stevens, Jason Szolomayer, Carlos Thompson und Danielle »Hang Ten« West.

Zur Mitte des Sommers 2023 verflüchtigten sich meine Verlagskontakte, und ich war wieder zurück auf »Los«, wie ein erstmaliger Buchautor. Und da kam wie aus dem Nichts eine E-Mail von Leah Zarra, in der sie sich erkundigte, wie es um mein Interesse stünde, ein Buch für Wiley zu schreiben. Ohne Leah würde dieses Buch womöglich nicht existieren.

Und ohne Leah und die anderen bemerkenswerten Menschen bei Wiley – namentlich Simon Eckley, Michael Friedberg, Amy Handy, Julie Kerr, Amy Laudicano, Gabriela Mancuso, Jeanenne Ray, Deborah Schindlar, Suganya Selvaraj und Shannon Vargo – wäre dieses Buch auch nicht so gut geworden. Ein ganz besonderer Dank geht außerdem an Chris Wallace für das bemerkenswerte Cover. Mein Dank gilt ihnen allen.

Auch wenn manche Autoren die Tatsache verschleiern, dass sie »künstliche Intelligenz« nutzen, wir haben keine solchen Bedenken. Wir haben Bard, Claude, ChatGPT und Quillbot genutzt. Und wir haben nicht den leisesten Zweifel, dass sie dazu beigetragen haben, das Buch zu verbessern.

Es gibt mehrere Produkte, die den Podcast *Remarkable People* ermöglichen, was wiederum auch dieses Buch ermöglicht hat: Descript, Heil, Rev, Rode und SquadCast. Zu den Mitgliedern des Podcast-Teams von *Remarkable People* gehören Shannon Hernandez, Alexis Nishimura, Jeff Sieh und Fallon Yates.

Orte

Bei mir zu Hause sind die Ablenkungen viel zu verlockend, als dass ich dort schreiben könnte. Daher arbeite ich oft in Kaffee- und Esslokalen. Hier eine Liste der Orte, an denen ich an *Bemerkenswert denken (Think Remarkable)* gearbeitet habe. Wow, ich hatte keine Ahnung, dass es so viele Lokale waren, bis ich diese Liste zusammengestellt habe!

11th Hour Coffee (Santa Cruz), Atherton Library (Atherton), Betty's Burgers (Santa Cruz und Aptos), Bittersweet Bistro (Aptos), The Butter House (Seaside), Café La Tartine (Redwood City), Cafe Sparrow (Aptos), California Café (Watsonville), Cat and Cloud (Aptos und Capitola), Coffeebar (Menlo Park), Coffeetopia (Santa Cruz), Craft (Watsonville), Dean (Goleta), Dune Coffee Roasters (Santa Barbara), Foodland (Honolulu), Gino's Sicilian Express (Santa Barbara), The Hideout (Aptos), Joe's Café (Santa Barbara), Kabuki Hotel (San Francisco), La Vie (Honolulu), Lighthouse Coffee (Santa Barbara), Lulu Carpenter's (Santa Cruz), Mademoiselle Colette (Redwood City), Mr. Toots (Capitola), Olive Garden (Capitola), Orchard Valley Coffee (Campbell), Peets (Capitola), Quiora (Honolulu), Ranch Milk (Watsonville), Santa Barbara Public Market (Santa Barbara), Santa Cruz Public Library (Live Oaks und Capitola), Scarlet Begonia (Santa Barbara), Stacks (Menlo Park and Campbell), Starbucks (Capitola), Suda (Santa Cruz), Sunrise Café (Aptos), Walnut Café (Santa Cruz), Watsonville Public Library (Watsonville), Zizzo's Coffeehouse (Capitola).

Die Autoren

Guy Kawasaki ist Chief Evangelist bei Canva und Moderator des Podcasts *Remarkable People*. Er war Chief Evangelist bei Apple, Kuratoriums-Mitglied der Wikimedia Foundation, Markenbotschafter bei Mercedes-Benz und Sonderberater der Abteilung Motorola bei Google. Kawasaki hat einen BA der Stanford University, einen MBA der University of California in Los Angeles und einen Ehrendoktortitel des Babson College. Er lebt in Watsonville (Kalifornien).

Madisun Nuismer ist Produzentin des Podcasts *Remarkable People*. Nuismer hat einen BA in Gesundheitswissenschaften der University of Nebraska in Omaha. Sie besuchte auch das Institute of Integrative Nutrition und ist zertifizierter ganzheitlicher Gesundheitscoach. Sie lebt in Santa Cruz (Kalifornien).

Stichwortverzeichnis

www.ingramcontent.com/pod-product-compliance
Lightning Source LLC
LaVergne TN
LVHW021811240826
846425LV00002B/9

9783527512294